Wirtschafts-Rechts-Wissenschaft
und
Wirtschafts-Hochschule

Von

Max Rumpf

Mannheim

Berlin und Leipzig 1920

Vereinigung wissenschaftlicher Verleger

Walter de Gruyter & Co.

vormals G. J. Göschen'sche Verlagsbuchhandlung — J. Guttentag, Verlagsbuchhandlung
— Georg Reimer — Karl J. Trübner — Veit & Comp.

Ernst Fuchs

als verspätete Gabe zum sechzigsten Geburtstage in Verehrung und Freundschaft dargebracht

vom Verfasser

Einleitung

Es gärt in den Sozialwissenschaften. Organisatorisch, methodisch, pädagogisch wird überall das bisher Bestehende und Geübte kritisch in Frage gestellt. Der Verein für Sozialpolitik verhandelt im Herbst d. Js. über die Frage der Reform des volkswirtschaftlichen Unterrichts. Juristenfakultäten, sowie die Juristenschaften der Studentenschaft und der Reichsbund der Referendare gehen für das Rechtsfach der Ausbildungsfrage gleichfalls energischer als bisher zu Leibe. — Möge man Morgenluft wittern können, wenn alles hier heute wieder problematisch, weich und biegsam gewordene alsbald gestaltet werden soll zu zukunftverheißender Form!

In den folgenden Blättern spricht ein seinerzeit aus der richterlichen Praxis hervorgegangener zivilistischer Jurist, der von Haus aus schon eingestellt war auf die methodischen, systematischen und grundsätzlichen Fragen des Rechts und der Rechtswissenschaft und der als Lehrer des bürgerlichen und Handelsrechts an einer Handelshochschule im Verein mit seinen Kollegen von den Wirtschaftswissenschaften sich und seine Hörer gewöhnt hat, im bürgerlichen Recht vornehmlich unmittelbar ein Stück möglichst gerechter und zweckmäßiger Organisation unserer privaten Wirtschaft zu sehen.

Von diesem Standpunkte aus glaubt er sowohl zu dem Thema einer sachlicheren Pflege des Rechts und der Rechtswissenschaft, wie zu der umfassenderen Frage der methodisch und organisatorisch bestmöglichen Pflege der Wirtschaftswissenschaft etwas Zeitgemäßes und zum Teile Eigenes sagen zu können.

Die Fachliteratur betreffs Ausbildung der Volkswirte ist außerordentlich groß, diejenige betreffs der Ausbildung der Juristen und Verwaltungsbeamten nicht minder. Wenn dieses Schrifttum, das dem Verfasser freilich nur zu einem Teile bekannt ist, hier nicht ausdrücklich zitiert und verwertet wird, so ist das nicht Unbescheidenheit oder Besserwisserei. Der Grund für solche Zurückhaltung ist ein anderer. Diese Arbeit zielt auf die Lösung eines Problems, wie es so noch nicht gestellt worden ist und für dessen Lösung daher jene Literatur wenigstens kein in sich geschlossenes und in größeren Partien hier unmittelbar vergleichbares und verwertbares Material darbietet. Der Gegenstand dieser Arbeit ist zunächst methodischer und systematischer Art. Die dabei in Ansehung der Methoden und der Systematik der Jurisprudenz und der Wirtschaftswissenschaften heraustretenden Ergebnisse führen alsdann unmittelbar hin auf die Frage der zweckmäßigsten Organisation derjenigen Hochschulen, die sich mit der Pflege der — oder eines Teils der — Rechtslehre und der Wirtschaftswissenschaften befassen. Von dem methodischen und systematischen Problem handelt der erste Abschnitt dieser Arbeit, von dem organisatorischen der zweite.

1. Die Rechtswissenschaft muß unmittelbar die Rechtswirklichkeit, die Rechtstatsachen mitzuumfassen, das Privatrecht muß unmittelbar mit privates Wirtschaftsrecht zu sein trachten. In die Pflege des Rechts teilen sich der positivgesetzliche und der Rechtstatsachen-, hier der Wirtschaftsjurist. Der

Wirtschaftsjurist hat die natürlichen, die vorjuristischen Zusammenhänge der Wirtschaft zu erforschen und darzustellen und hat alsdann erst die so sich gliedernde Wirtschaft selbst unter die Beleuchtung der positiven Rechtsnormen zu rücken, unbekümmert um die Verteilung der Normen auf die verschiedenen positiven Gesetze, unbekümmert um die positivgesetzliche Systematik. Der auf der Universität heranzubildende zukünftige Fachjurist kann daneben und vorweg freilich der streng positivrechtlichen Schulung nicht entraten. In den diesen positivrechtlichen nachfolgenden — geschichtlichen und systematischen — wirtschaftsrechtlichen Darbietungen hat der schon reifer gewordene Rechtsjünger der höheren Semester nunmehr den richtigen Blick und das unbefangene Urteil zu bekommen für den Wert der positiven rationalen Satzung einerseits, für das reiche Verhältnis der Wechselwirkung zwischen dauernder abstrakter Norm und sich wandelnder individueller Rechtswirklichkeit, Wirtschaft, andererseits. So hat er beides zu gewinnen, Achtung vorm positiven Gesetz, aber zugleich kritische Einsicht in die Unzulänglichkeit einer nur auf sich selbst und ihre knappe abstrakte Formel gestellten Satzung; Achtung vor dem Gesetz als mächtiger Ordnung des Soziallebens, zugleich aber die Einsicht, daß nur das sich diesem Sozialleben und seinen wechselnden Bedürfnissen geschmeidig anpassende Gesetz eine gute und gerechte Lebensordnung mit herzustellen vermag.

2. Der zweite Abschnitt zeigt, von welcher Art eine Hochschule beschaffen sein muß, die die Wirtschaftswissenschaften und die Wirtschaftsrechtswissenschaft als einen integrierenden Bestandteil davon bestmöglich zu pflegen vermag. Das Ergebnis wird sein, daß der besondere Typus einer Wirtschaftshochschule hier die verhältnismäßig idealste Lösung verspricht, während die Universitäten einstweilen aus Mängeln ihrer einer allseitigen Arbeitszusammenfassung wenig günstigen Verfassung heraus Mühe haben werden, schon jetzt etwas Gleichwertiges zu leisten. Es ist schlimm genug, daß bisher weder ein Jurist, noch ein Volkswirt, wenn ich recht sehe, die Frage nach einer engeren Arbeitsgemeinschaft zwischen Jurisprudenz und Wirtschaftswissenschaften so ernst und nachdrücklich gestellt hat, wie dies hier geschehen wird. Aber sowohl hüben wie drüben fehlte es — wohl gewiß nicht an dem guten Willen, aber leider völlig — an der klaren Erkenntnis, daß hier ein für beide Sparten theoretisch und praktisch höchst bedeutsames, nur gemeinsam zu bewältigendes Problem vorliegt.

Dreierlei wichtige Auslassungen zur Ausbildungsfrage in diesen unsern Fächern liegen aus jüngster Zeit vor und sollen wenigstens gelegentlich auch im Texte ausdrücklich verwertet werden.

Eine am 11. und 12. April 1920 in Halle tagende Konferenz der deutschen Rechtsfakultäten hat zur Reform des juristischen Studiums und der ersten juristischen Prüfung wichtige Leitsätze beraten und aufgestellt (weiterhin zitiert: „HallKonf."). Kurz vorher gegangen war eine ähnliche programmatische Stellungnahme des Reichsbundes deutscher Referendare. — Der Verein für Sozialpolitik hat in Vorbereitung seiner Kongreßtagung im Herbste soeben 50 Gutachten zur Reform der staatswissenschaftlichen Studien („staatsw. Reform") herausgegeben.

Zweierlei gibt hier nun zu denken.

Von den 13 Thesen der HallKonf. geht außer dem Eingang der Eingangsformel, worin es heißt: „Die deutschen Juristenfakultäten betrachten es als eine Forderung der Zeit, die Juristen mehr als bisher mit sozialem und wirtschaftlichem Verständnis zu erfüllen   ", nur der erste Absatz der These 6 auf das wirtschaftliche Moment ein. Der Absatz lautet:

„Der Umfang des Lehrstoffes ist dadurch zu erweitern, daß einige Vorlesungen, insbesondere die über das Recht der Schuldverhältnisse, vergrößert, andere, namentlich solche über Spezialgebiete, neu eingeführt werden. Das öffentliche Recht, mit dem das Studium auch begonnen werden kann, ist stärker zu betonen, auch von den Juristen ein gründlicheres Studium der Staats-, Wirtschafts- und Sozialwissenschaften zu verlangen."

Man wird zugeben müssen, daß die Erwähnung der Wirtschaft hier, mit einem Ausdruck unserer früheren Bundesgenossen, doch nur recht „beiläufig" geschieht. Die Möglichkeit eines Wirtschaftsrechts, die Ausbildung einer Wirtschaftsjurisprudenz, oder statt dessen — da die folgenden verwandten Ausdrücke schon mehr eingebürgert sind: — die Ausbildung einer Tatsachenjurisprudenz, die besondere Berücksichtigung des „lebenden Rechts", der Rechtssoziologie werden mit keinem Worte in diesen Leitsätzen, die doch recht eigentlich eine Neuorientierung des Rechtsstudiums und der wissenschaftlichen Pflege des Rechts einleiten wollen, erwähnt.

Noch bedenklicher aber ist folgendes: Unter den Verfassern der 50 Gutachten, die Professor J a st r o w zusammengeschart hat, finden sich zwar ein paar Verwaltungspraktiker von Rang, aber kein einziger (Richter oder) Rechtslehrer! So wenig glaubt ein so weitschauender und gerade in Fragen der Hochschulpädagogik erfahrener Mann, wie der Herausgeber, daß der Rechtslehrer etwas mit zu sagen haben könnte in der Frage der Ausbildung der Nationalökonomen! J a st r o w erhofft vielmehr lediglich von einem um die Erörterung der Frage des Rechtsstudiums der Volkswirte verdienten Nationalökonomen weitere zweckdienliche Förderung dieser Frage (staatsw. Reform, S. 126[1])!

Kann die fehlende geistige Gemeinschaft zwischen Juristen und Wirtschaftswissenschaftlern drastischer bewiesen werden?

Hier muß, scheint mir, gründlich Wandel geschaffen werden. Wenn irgendwo, so tut es heutzutage bei der Pflege der Wirtschaftswissenschaften, einschließlich des Wirtschaftsrechts, Not, in getreulicher Arbeitsgemeinschaft aller in Betracht kommender Fachleute dies weite Land der deutschen Wirtschaft, von dem so große Strecken heute durch die Verwüstungen und Grenzverrückungen der Kriegszeit und die ersten Versuche des Aufräumens und des Wiederaufbaus in der Friedenszeit für die Wissenschaft vorerst wieder eine terra incognita geworden sind, zu durchforschen und alsdann zu bestellen. *Über das Einzelfach grundsätzlich und ständig hinausgreifende Arbeitsgemeinschaft der einzelnen Fachleute und eine Hochschulorganisation, die solche Arbeitsgemeinschaft in jeder Weise erleichtert* — das scheint mir in der Tat die angemessenste Formel zu sein für das, was wir und die Wissenschaft und die Wirtschaft hier brauchen. Dazu gehören Fachleute, die nicht etwa irrlichtelierend ein Viertel Volkswirt, ein Viertel Privatwirtschaftler, ein Viertel Jurist und zum letzten Viertel zusammen ein bißchen Philosoph, Soziologe und Psycholog sein möchten, sondern Leute, die in *einem* der Wirtschaftsfächer — immer einschließlich des Wirtschaftsrechts gemeint — ihre feste Bleibe gefunden haben; zugleich freilich Leute, die da wissen, daß auch jenseits der Berge noch Menschen wohnen, ja, die grundsätzlich mit diesen Menschen einen regen und beiderseits förderlichen Grenz- und Austauschverkehr dauernd zu unterhalten sich bemühen wollen.

Erster Abschnitt

Wirtschafts-Rechts-Wissenschaft

1.

Gegenstand der Rechtswissenschaft ist nicht die Rechtsordnung im Sinne der Gesamtheit der in ein möglichst widerspruchsloses System gebrachten geltenden abstrakten Rechtsnormen. Ihr Gegenstand ist vielmehr die konkrete, individuelle Rechtswelt, also für uns vornehmlich die gegenwärtige und nächstzukünftige deutsche Rechtswelt, das rechtserhebliche deutsche Gemeinschaftsleben.

Die Wirklichkeit der Kultur eines Volkes und einer Zeit formt sich und richtet sich aus nach bestimmten überragenden objektiven Werten. Die Beziehung zu diesen Werten erhebt den mit ihnen zusammenhängenden Wirklichkeitsausschnitt zu einer einheitlichen Kulturprovinz, einem Reich, einer Welt für sich. So entsteht eine Rechtswelt, eine Welt der Sittlichkeit, des Glaubens, der Kunst.

Diese Auffassung von der Rechtswissenschaft als einer Wissenschaft mit individuellem Gegenstande lehnt die andere, heute noch herrschende Auffassung der Rechtswissenschaft als einer Wissenschaft zur Auslegung, Harmonisierung und Systematisierung geltender abstrakter Normen nicht schlechthin ab, erklärt sie nur für nicht umfassend genug und, für sich allein genommen, für zu einseitig.

Inwiefern ist die herrschende Auffassung unentbehrlich, inwiefern zu eng?

Unser Sozialleben hatte sich schon vorm Kriege in immer steigendem Maße erfüllt mit Organisationszwang aller Art; die wirtschaftlichen Beziehungen verfilzten sich immer mehr; die Menschen, zumal in den immer noch weiter wachsenden Großstädten, rückten sich gegenseitig immer näher auf den Leib, kamen einander immer leichter, immer unausweichlicher ins Gehege: Der Prozeß der Verrechtlichung aller äußeren und mancher inneren Lebensbeziehungen schritt immer fort.

All dies übernahe Zwangs- und Notwesen wird in einem nach schwersten Kriegsjahren geschlagenen Volke und Staate, denen die eigene Drangsal als Folge des Krieges und die Maßnahmen der Sieger an seinen Grenzen und innerhalb derselben die unleidlichsten Daumenschrauben angelegt haben, auf absehbare Zeit nicht ab-, sondern nur noch weiter zunehmen. Das bedeutet, daß in diesem an Menschen übervollen, an Lebensgütern so jämmerlich arm gewordenen Volke und Gebiete sowohl staatliche und sonstwie oberliche, wie auch genossenschaftliche, gewerkschaftliche usw. Organisation heute noch unentbehrlicher geworden ist denn je. Wir können heute einfach nicht leben ohne beständig und überall zwingend und lindernd, ausgleichend und ordnend eingreifende Maßnahmen des Staats und der Selbstverwaltungskörper und Verbände, des Rechts und der Verwaltung. Das bedeutet aber zugleich, daß die klare, wohl überlegte, öffentlich bekannt gegebene, möglichst dauerhafte Rechtsnorm, dies technisch wichtigste aller objektiven Mittel des Rechts, gerade jetzt von höchster Bedeutung ist und einen relativen Eigenwert darstellt. Dabei gehe ich davon aus, daß es der nächsten Zukunft einigermaßen gelingen wird, aus dem Wust und Staub der sich eilig überstürzenden, auch für den Eingeweihten schnell völlig unübersehbar gewordenen Gesetzes- und Verordnungsproduktion der Kriegs- und ersten Revolutionszeiten wieder zu wenigstens etwas übersichtlicherer und einfacherer Rechtslage zu gelangen. Der Wert der Norm liegt sowohl auf pädagogischem Gebiete, wie auf dem der praktischen Lebensordnung. Daß die Beschäftigung mit Rechtsnormen und Rechtsbegriffen eine treffliche Schule ist zur Klarheit, Knappheit und Präzision, ist unbestreitbar und sollte gerade auch von denjenigen nicht bestritten werden, die die Grenzen aller bloß formalen und positivistischen Rechtsbetrachtung erkannt haben. Gilt dies für immer, so drängt sich der praktische Wert der Norm gerade gegenwärtig besonders auf: In der Hand des routinierten Beamten zerschneidet die technisch und inhaltlich gut gearbeitete Norm meist schnell und durchschnittlich auch einigermaßen sicher auch an sich komplizierte Streitfragen, löst auch stark verschlungene Interessenkonflikte. Gerade das ist so wertvoll an solchen Normen, daß sie, auch angewandt von einem Durchschnittsbeamten mit großem Arbeitspensum, der schnell arbeiten und manchmal einen Knoten einfach durchhauen können muß, nur um nicht ganz zu versinken im Strudel der Geschäfte und hinter dem immer höher sich vor ihm türmenden Haufen von Akten, — immer noch in, sagen wir: 80 v. H. Fällen ein einleuchtendes oder wenigstens plausibles Ergebnis zu zeitigen pflegen. Mit überlasteten und zur Schnellarbeit und Hetze im Beruf verurteilten Beamten wird aber das verschuldete Deutschland von heute noch viel mehr rechnen müssen als das reiche Deutschland von vorm Kriege. Unglücklich ein Beamter in solcher Lage, wenn er, während die wartenden Parteien immer zahlreicher und immer ungeduldiger werden, aus Energielosigkeit oder übergroßer Gewissenhaftigkeit heraus kein Ende zu finden vermag der ewigen rationes dubitandi, nicht den Schneid aufbringt zur Entscheidung. Glücklicher und wertvoller immerhin noch ein Beamter, der aus der Not eine Tugend macht und resolut und ohne viel Federlesens die Gesetzesnorm in eben dem Sinne, wie er sich ihm auf den ersten Blick hin bietet, anwendet; glücklicher und wertvoller der, den gesunde Anlage, freier Blick und reife Lebenserfahrung schnell, aber mehr aus bon sens, denn aus rechtstechnischer Überlegung fast immer den Nagel auf den Kopf treffen lassen: unter unsern Amtsrichtern und lokalen Verwaltungsbeamten aller Art, zumal den immer seltener werdenden, die mit Land und Leuten ihres Bezirks in langjährigem Verkehr warm und vertraut werden konnten, gottlob immer noch keine ganz ausgestorbene Art!

Man soll für alle solche unterschiedlichen Beamtenlebensläufe es preisen, wenn der junge Jurist mit einem runden Schulsack voll soliden rechtstechnischen Wissens ins Leben und in den Beruf tritt. Der Rechtsunterricht muß zu einem guten Teile der Vermittlung positiven Wissens, der Anleitung zur Beherrschung abstrakter Normen dienen.

Schlimm und öd nur, wenn er, allenfalls mit Ausnahme der rechtsphilosophischen und historischen Fächer, nichts mehr zu sein vermag oder sein will, als dies. Hoffen wir, daß er überall heute schon mehr zu bieten versucht. Es ist wohl kein Zweifel, daß im heutigen Rechtsunterricht an den Universitäten die illustrative Heranziehung praktischer Fälle beim Vortrag der abstrakten Rechtslehren zugenommen hat, daß Hinweise auf die wirtschaftlichen und sozialen Wirkungen und Bedingtheiten der Normen heute schon häufiger sein werden, daß das Praktikum sich heute schon etwas mehr als früher nährt aus den Quellen des wirklichen Lebens, statt schlau ersonnene und kunstvoll zurechtgebastelte, womöglich gar absichtlich auf die juristische Pointe und Finesse zugespitzte Erzeugnisse der Studierstube und der Gelehrtenphantasie zu bevorzugen.

All das mag sein, und der nicht an einer Universität wirkende Rechtslehrer sollte billig nach dem Satze des alten römischen Kollegen: ‚Quisquis praesumitur bonus' den heutigen Rechtsbetrieb an den Universitäten als mittlerweile schon um ein tüchtiges Stück lebenszugewandter und realistischer geworden unterstellen, — obgleich der bis heute noch vorherrschende zivilistische Lehrbuchtyp in seiner mehr oder weniger starren und im engeren und kritischen Sinne des Worts positiven Art doch vielleicht warnen sollte vor allzuviel Optimismus und Gegenwarts- und Zukunftsglauben.

Ich fürchte, daß der, der grundsätzlich noch keine andere Aufgabe der Rechtswissenschaft anerkennt als diejenige, die geltenden abstrakten Normen zu analysieren und weiterhin zu einem widerspruchslosen System zu verweben, über ein halb verschämtes und über ein meist recht flüchtiges Verhältnis zu den Realien des Rechts nicht hinauskommt. Es ist eben eine gründlich andere Einstellung, wenn statt dessen hier das vom Rechte zu Regelnde prinzipiell und in seiner schlichten Gegebenheit und noch fern von allem Rechtsstreit, statt nur im Streitfalle schon zur Subsumtion unter die allgemeine Regel zurecht gemacht, mit einbezogen verlangt wird in die Rechtswissenschaft selbst. Es verlegt sich dann der Schwerpunkt vom Gesetzbuche ins Leben. Die Aufgabe des Juristen bleibt dann nicht immer nur nach rückwärts orientiert an dem heute — ach so schnell veraltenden Gesetze. Indem der Jurist vielmehr ausgeht von den Rechtstatsachen der Gegenwart und ihnen mittels der seinerzeit erlassenen, heute noch geltenden Gesetzesnormen, in gleichmäßiger Loyalität sowohl gegenüber dem Gesetze und der Vergangenheit, wie gegenüber dem Leben und der Gegenwart ein möglichst gutsitzendes und wohl anstehendes Kleid anzumessen sucht, entgeht er viel eher der Gefahr, einer Rechtspflege und Verwaltung zu dienen, die nicht fortzuschreiten vermögen mit der Zeit. Der Gefahr, dabei dem Gesetze selbst untreu zu werden, braucht er damit noch keineswegs zu verfallen, denn das Gesetz ist, unbefangen betrachtet, gemeinhin mehrerer Deutungen fähig, und es gilt alsdann nur die jeweils verständigste und gerechteste unter ihnen auszuwählen.

Gewiß, die Römer nannten nicht zu Unrecht das Recht die Kunst von den göttlichen und menschlichen Dingen. Der Ozean der Rechtstatsachen ist unerschöpflich, und es wäre vermessen für den Juristen, zumal für den einzelnen Rechtslehrer, hier überall und stets aus eigener Kraft und Rechts- und Sachkunde den sicheren Steuermann oder gar außerdem noch den Tiefseeforscher spielen zu wollen. Die Schwierigkeiten häufen sich, wenn man sich klar macht, wie in sich kompliziert und vielgestaltig die Rechtstatsachen selbst sind und wie der in unserm Sinne verstandene Jurist auch in normativer Hinsicht prinzipiell auch völlig andere Wertgesichtspunkte als etwa nur juristisch-formale, wie etwa den der Rechtssicherheit, mit einbeziehen muß bei der Erbauung dieser individuellen Rechtswelt bei und der Ausdeutung ihres Sinns. Aber das hindert nicht, daß die hier vorgetragene Auffassung die einzige sein dürfte, die, wenn man einmal eingesehen hat, daß der Jurist weder an Wertgesichtspunkten aller Art, noch unmittelbar an den Rechtstatsachen ganz vorbeigehen kann, beide, Wertgesichtspunkte und Rechtstatsachen, in eine klare, richtig ausbalanzierte und sozusagen legitime Beziehung zur Rechtswissenschaft und den positiven Rechtsnormen zu bringen vermag. Denn was haben sie ohnedem in der Rechtslehre zu suchen, wenn diese keinen anderen Gegenstand anerkennen darf als die formale und abstrakte Norm?

Die hier vertretene Auffassung ermöglicht es weiter allein, wie ich für das Strafrecht in einer früheren Arbeit nachgewiesen habe, wie es aber ganz ebenso auch für das Zivilrecht zutrifft, das Zusammenwirken des allgemeinen Gesetzes mit der sich mit dem Einzelfall beschäftigenden Gerichtspraxis sowie im Richter die Funktion als Tat- und als Rechtsrichter lebendig zu erfassen: Der individuelle Streitfall vor Gericht ist nur eben e i n solcher von unendlich vielen andern individuellen Rechtsfällen, aus denen, mögen sie nun vor den Prozeßrichter gelangen oder nicht, in jedem Augenblick wechselnd, das ganze deutsche Rechtsleben als e i n großer intensiv in sich verwobener Zusammenhang erwächst.

Ich nenne diese reichere Anschauungsweise der Rechtswelt die v o l l r e c h t l i c h e oder allrechtliche und stelle sie in Gegensatz sowohl zur formalen oder leerrechtlichen, wie zur positiven Anschauung. Die formale Anschauung und Methode hält das nach meiner Meinung für die Rechtstheorie und den wissenschaftlich betriebenen Rechtsunterricht grundsätzlich nötige Zurückgehen des Gesetzesauslegers auf die bei einer auszulegenden Norm regelmäßig wettstreitenden und gegeneinander abzuwägenden Werte und sachlichen Interessen für unnötig oder gar für bedenklich oder falsch. Die Anschauung und Methode des Positivismus sieht das Gesetz selbst in seiner kahlen authentischen Fassung als die fast immer dem treuen Ausleger eine einzige richtige und allen begründeten Zweifel ausschließende Entscheidung ermöglichende, somit von sich aus dem Richter und dem praktischen Rechtsbedürfnis volle Genüge tuende vornehmste und eigentlichste Rechtsquelle an. Der Positivismus empfiehlt daher ausdrücklich oder stillschweigend dem Ausleger, bei der Auslegung nicht zuweit auszuholen und nicht zu weit hinter den Primafaziesinn des Gesetzes zurückzugehen: Man sieht leicht, die formale und die positive Methode stehen sich so nahe, daß sie beide leicht ineinander übergehen oder gar ganz in eins verfließen können.

Die vollrechtliche Methode wird, abgesehen von ihrer Verwendung im juristischen Alltagsdienste, bei der Einzelarbeit in Hörsaal und Gerichtssaal, vor allem die notleidende Erbschaft der allgemeinen Rechtslehre, zu der sich heute, soweit ersichtlich, nirgend recht einige lachende Erben bekennen wollen, anzutreten und zu versuchen haben, es langsam wieder emporzuwirtschaften.

Die allgemeine Rechtslehre muß dabei ihr Gegenstück und ihre Ergänzung erhalten in einer a l l g e m e i n e n j u r i s t i s c h e n T a t b e s t a n d s l e h r e, worin die Rechtstatsachen selbst nach Art und — auch vorjuristischem — Bau und Zusammenhange darzustellen und zu ordnen sind. „Juristische Tatbestandslehre" ist besser als „Rechtssoziologie", weil man hierbei zu leicht nur an die einzelnen Genossen, die Menschen denkt, die für das Recht unmittelbar nicht der einzige Zweck und sein einziges Maß sind.

Aber das ist noch einmal scharf zu betonen: Die Richtigkeit und der Wert der vollrechtlichen Methode schließen neben sich die relative Richtigkeit und den relativen Wert der formalen und positiven Methode nicht aus. Und gerade auch innerhalb der vollrechtlichen Anschauung und Bepflegung der Rechtswelt darf der relative selbständige Wert des technisch geformten und abgepaßten, einigermaßen auf sich selbst gestellten, knappen und handlichen, der Prüfung durch Beamte, Gelehrte und Bürger ganz anders als bloße Rechtsgewohnheiten und Verkehrssitten einen festen Widerhalt bietenden Rechts und des ganzen rationellen Rechtsapparats mit seiner Zusammenpassung von Normen, Einrichtungen und Anstalten, von genau nach der Vorschrift funktionierenden Beamten nie übersehen werden. Eine solche Methode und Anschauung würde sich zu Unrecht vollrechtlich nennen, bei der gänzlich unklar und schlabbrig die Norm verfließen würde in die Tatsachen, die Rechtsnorm in die andern Kulturnormen, das Juristische in das Politische oder Wirtschaftliche. Darin läge eine schwere Gefahr und eine unverständige und unverantwortliche Denaturierung des unverlierbaren technisch-rationalen Kerns des modernen Rechts. Dies muß hier um so schärfer unterstrichen werden, als hier nicht der Ort sein kann, zu zeigen, wie sich der juristisch-technische Nerv des Rechts und der Rechtswissenschaft gerade dann völlig gesund und ungeschwächt erhalten muß, wenn der Jurist aufhört, ausschließlich formal und positivistisch „am Skelett zu exerzieren", wenn sich ihm stattdessen wieder Recht und Wirklichkeit zusammengefügt haben zu einer vollen und abgerundeten, äußerlich-innerlichen, oder im Bilde zu sprechen: seelisch-körperlichen Einheit.

2.

Einen wichtigen Teil des deutschen Soziallebens macht aus die deutsche Wirtschaft, eine wichtige Unterdisziplin des deutschen Rechts in vollrechtlicher Anschauung ist das deutsche Wirtschaftsrecht.

Das deutsche bürgerliche Recht — BGB. ohne Familien- und Erbrecht, mit HGB. und den privatrechtlichen Abschnitten oder Elementen anderer Gesetze — ist, vollrechtlich angesehen, gleichbedeutend mit dem Recht der privaten deutschen Wirtschaft

Dies private Wirtschaftsrecht hat, eben als Wirtschaftsrecht und im Gegensatze zum bürgerlichen Recht in seiner heutigen positivgesetzlichen Gestalt und Systematik, seinen eigenen Grundriß und seine eigenen „gesetzmäßigen" Beziehungen des Aufbaus und der Ordnung seiner Teile, seinen eigenen Zusammenhang.

Wirtschaften heißt im heutigen leidenden Deutschland vor allem: sich tummeln und bemühen um die Befriedigung der Bedürfnisse, besonders auch der äußeren Bedürfnisse — der Volksgenossen und des Staats. Die Wirtschaft ist die planmäßige Arbeit zur Bedarfsdeckung.

Leichter ist die Bedarfsdeckung, die Befriedigung seiner Bedürfnisse für den Begüterten, den Kapitalisten, den Inhaber subjektiver Rechte, den privaten Eigentümer. Hier kann Wirtschaften im Rechtssinne gleichbedeutend sein mit Rechtsausübung, mit Rechtsgenuß. Im Schutze des Genusses — wie man früher ja gern sagte: — wohlerworbener subjektiver Rechte hat das kodifizierte private Recht noch heute einigermaßen sein individualistisches Gesicht bewahrt. Wenn man bei der Rechtsausübung dem Nächsten nur nicht allzu bösartig nahe kommt, geht diesen die fremde Rechtsausübung nichts an: § 226 BGB. bezeichnet nach seiner klaren und harten Fassung nur ganz offenbare Schikane in der Rechtsausübung als unzulässig. Freilich ganz ohne ein „Nachbarrecht" geht es in den engen, mehr und mehr verrechtlichten Lebensverhältnissen von heute bei uns nirgend mehr ab. Der Satz von der Heiligkeit, Unverletzlichkeit und Freiheit des Eigentums wird heute in Schach gehalten durch den andern, in unserer Verfassung verkündeten, daß ‚Eigentum verpflichtet.'

Immerhin, vielmehr als hier im Bereiche des Rechtsgenusses, der ruhenden Wirtschaft kommt das Moment sozialer Bindung, Abhängigkeit und gegenseitiger Rücksichtnahme in der bewegten Wirtschaft zur Geltung, beim Erwerb und ebenso bei der werbenden Verwertung subjektiver Rechte, beim Austausch von Gütern, im eigentlichen Verkehrsrecht. Hier herrschen Geschäft und Geschäftigkeit statt Muße, Bewegung statt Ruhe, Arbeit statt Genuß.

genauer noch: Arbeit mit andern und Pflichten gegenüber andern, statt einsamen Rechtsgenusses. — Näheres hier nur von dieser bewegten Wirtschaft.

Die beiden Hauptrechtsformen, in denen sich hier dies wirtschaftliche Zusammenarbeiten vollzieht, sind: Vertrag und Rechtsverband. Dabei ist — für eine Betrachtung, die nur die großen Linien, diese aber um so klarer, festhalten will — der Vertrag zugleich der Vertreter des Rechtsgeschäfts schlechthin. Der „Vertrag“ allein verweist, anders als das (einseitige) „Rechtsgeschäft“ oder gar die „Willenserklärung“, unmittelbar auf das soziale Moment, auf das Moment der Zusammenarbeit in allem Verkehr und Verkehrsrecht. Das Wort Rechtsverband soll uns hier alle privatrechtlichen Vereine und Gesellschaften einschließen, unangesehen, ob sie juristische Persönlichkeit besitzen oder nicht, unangesehen ihrer im juristischen sowohl wie im wirtschaftlichen Sprachgebrauch so schwankenden und mannigfaltigen Benennungen, also Kartelle, Syndikate, Unternehmungs-, Förderungs-, Interessengemeinschaften, Arbeitsgemeinschaften, — alles das und manches andere gehört hierhin, vorausgesetzt, daß die juristische Bindungsform jeweils zwischen den beiden Eckpunkten der Gesellschaft nach bürgerlichem Recht und des e. V. liegt.

Daß die Gesellschaft nach BGB. selbst wieder auf Vertrag beruht, hindert nicht die Berechtigung einer selbständigen Nebenordnung von Vertrag und Verband, einschließlich Gesellschaft: Die letzten großen Unterscheidungen im Recht überhaupt und so auch im Wirtschaftsrecht dürfen, wollen sie der übergangsreichen Wirklichkeit möglichst treulich entsprechen, nicht erwarten, erfolgreich mit scharfen kontradiktorischen Gegensätzen arbeiten zu können.

Suchen wir dem wirtschaftsrechtlichen Wesen des Vertrages näher zu kommen, indem wir — hier einmal unmittelbar auf das BGB. zurückgehen. Der Kern des privaten Rechtsverkehrs liegt im Schuldrecht, der Kern des Schuldrechts aber im „Recht der einzelnen Schuldverhältnisse“. Diese sind — ich sage mit Vorbedacht: „sind“ — ganz vorherrschend Verträge.

Die wichtigsten dieser Verträge gruppieren sich jeder um ein typisches einzelmenschliches äußeres Lebensbedürfnis.

Das private Eigentum in verschiedenster Verteilung in der Hand vieler Volksgenossen, überhaupt die rechtlich geschützte private Güterverteilung, z. B. der Schutz des Gläubigerrechts, die Verstellung der Verträge nach Art und Inhalt in das freie Ermessen der Privaten (Privatautonomie), zugleich jedoch die Bindung all der freien Verkehrsgenossen, wenn sie einmal beim Vertragsschlusse einem andern in die Hand geschlagen haben, an den Vertrag, an das gegebene Wort: Das sind zusammen mit den typischen Lebensbedürfnissen der Menschen nach Nahrung, Wohnung, Kleidung und günstigstenfalls darüber hinaus noch nach ein wenig Behagen oder gar Kultur, die simplen Größen im Einmaleins der privaten Wirtschaft und des privaten Wirtschaftsrechts. Nimmt man noch hinzu das „heiligste und unverletzlichste Eigentum von allen“, die menschliche Arbeitskraft, den Notanker und einzigen Gegenwert für den Mittellosen im Tauschverkehr der privaten Wirtschaft, vergißt man endlich nicht des Geldes als des Wertbewahrers und Wertvermittlers in diesem nie ruhenden Tauschverkehr — und man hat das ABC des privaten Wirtschaftsrechts schon vor sich. Kauf, Tausch, Miete, Darlehn, Dienst-, Arbeits-, Werk- und Geschäftsverträge aller Art bauen sich alle auf aus diesen einfachen Bausteinen.

Das ist, scheint mir, alles so einleuchtend und selbstverständlich, daß man sich wundern mag, daß unser Gesetz, wenn es doch einmal den mündig gesprochenen Verkehr in der Hauptsache sich selbst überlassen möchte, noch von sich aus ein so ausgedehntes Recht der Verträge mit recht detaillierten Einzelbestimmungen in Kraft zu setzen für nötig gefunden hat. Man sollte füglich gerade auch in den Lehrbüchern von streng positivgesetzlicher Einstellung volle Aufklärung darüber erwarten dürfen, was es für eine Bewandtnis hat mit diesem Widerspruch zwischen einer grundsätzlich weitherzig anerkannten Privatautonomie und einem bis ins kleinste filigranhaft ausgearbeiteten Gesetzesrecht für den Verkehr. Aber unsere Lehrbuchverfasser pflegen sich meist so sehr à pied de la lettre zu halten, daß es bei ihnen an dieser Stelle über ein paar Worte über zwingendes und dispositives Recht nicht hinauszukommen pflegt.

Erst die vollrechtliche Einstellung läßt uns soweit Abstand gewinnen von dem ganzen positiven Rechtswesen, daß wir nunmehr erst gerade den positiven Wert der positiven Satzungen klarer zu erkennen und gerechter abzuwägen vermögen.

Der Gesetzgeber tut sich mit der bloßen Mündigerklärung des Verkehrs nicht genug; restlose Selbstautonomie wäre — auch in einem viel weniger beengten Staatswesen als dem unsrigen heute — nichts mehr und nichts weniger als negativ die Selbstaufgabe des Gesetzes, des Staates. Zwei wichtigen positiven Aufgaben vermag sich vielmehr auch der liberale gute Wirtschaftsgesetzgeber nie zu entziehen: Die erste nenne ich die Hilfsaufgabe, die zweite die Zwangs-, Ordnungs-, Ausgleichs- und Fürsorgeaufgabe.

Der Laienrechtsverkehr ist gemeinhin juristisch-technisch so unbehilflich, unbedacht und sorglos, wie nur möglich. Die Fähigkeit der Menschen, bei ihren Abmachungen die nächste Zukunft, die mögliche alsbaldige Umgestaltung einer Sachlage juristisch und wirtschaftlich voll mit in Rechnung zu ziehen — man denke an die Krise unserer Tage infolge der „unerwarteten" Verbesserungen der deutschen Valuta! —, ist viel geringer als wir uns im allgemeinen klar machen. Uns steckt in der Beurteilung der Menschen und der durchgängigen Rationalität ihres Handelns noch viel zu viel von dem Optimismus der Aufklärung im Blute.

Hier hat nun die mehr als zweitausendjährige Erfahrung des Rechts, der seit so lange schon mehr und mehr damno doctus gewordene römisch-europäische Rechtsverstand sein pedantisch-fürsorgliches, streng rechtstechnisches, mißtrauisches Rechtsdenken eingesetzt, um mit einem ganzen Heere anschmiegsamer Gesetzesbestimmungen dem von sich aus immer wieder stolpernden Laienrechtsverkehr unverdrossen immer wieder auf die Beine zu helfen und vorher dem Gestolperten noch gutmütig die Spuren vom Falle bestmöglich abwischen zu helfen.

Neben dieser ersten Aufgabe geschmeidiger Vermittlung, neben dieser Taktik der leichten, fast unmerklichen, im ganzen doch so wohltätigen kleinen Hilfen offenbart sich in weniger zahlreichen Rechtsinstituten und Rechtssätzen des Privatrechts die zweite, die aktiver eingreifende Zwangs-, Ordnungs- und Ausgleichsaufgabe des privaten Wirtschaftsrechts: Bestimmungen beispielsweise über die sozialpolitische Fürsorgepflicht des Dienstberechtigten gemäß §§ 617—619 BGB. oder über das sofortige Kündigungsrecht des Mieters einer erheblich gesundheitsgefährdenden Wohnung (§ 544 BGB.) — in beiden Fällen gibt das Gesetz dem zu Schützenden ein unverzichtbares Schutzrecht! — gehören ebenso hierher, wie etwa die Regeln über die Anspruchsverjährung oder die Mängelrüge beim Handelskauf, über den Schadensersatz bei unerlaubten Handlungen, über die Rechtsfähigkeit und damit zugleich den Schutz der Rechte des eben geborenen Menschen u. a.

Aber wir sind unsern Lesern noch den Beweis schuldig, daß das Recht der typischen Verträge, von denen jeder um ein bestimmtes wirtschaftliches Bedürfnis herum aufgebaut worden ist, — vom Verbandsrecht hier zunächst noch abgesehen — das Kernstück des ganzen Rechts der bewegten privaten Wirtschaft ist. Hier verläßt uns freilich jede unmittelbare Wegleitung durch unser Gesetz und seine Systematik. Wir sagen also — und werden an anderer Stelle die Fruchtbarkeit dieser These und ihre Vereinbarkeit mit dem positiven Gesetze zu erweisen haben —: Im Rahmen des privaten Wirtschaftsrechts ist der Vertrag ein wirtschaftliches Lebensverhältnis von meist einiger Dauer, zu dessen Entstehung und Entwicklung meist eine Willenseinigung der Beteiligten den Anstoß gegeben hat. Der Vertrag ist also nicht etwa nur, wie die Rechtslehre fast einhellig annimmt, nur identisch mit dem Errichtungsakt, als Lebensverhältnis schließt er vielmehr Errichtungsakt und Rechtsfolgen, darunter auch das entstehende Schuldverhältnis, in sich und nimmt damit zugleich regelmäßig das Moment der Dauer mit in sich auf.

Wenn ich heute einen Kauf über ein Grundstück perfekt mache und am nächsten 1. Oktober das Grundstück aufgelassen erhalte, oder wenn ich einen Sukzessivlieferungsvertrag abschließe und alsdann zusammen mit dem Vertragsgegner in längerem Zeitraume abwickele, so ist das ebensogut nichts als ein Vertrag, wie wenn ich einen Dienstvertrag oder Mietvertrag auf 10 Jahre abschließe und aushalte: Das allein entspricht der schlichten Laienauffassung und sollte darum auch die des Juristen werden. Daß man daneben weiter auch noch ungezwungen den Abschlußakt gleichfalls als Vertrag bezeichnen mag, ist eine Sache für sich.

Ein unbefangener, die Hauptformen und Hauptkräfte besonnen abmessender und vergleichender Blick in die Welt der Rechtstatsachen, der Wirtschaft von heute, erkennt einen wesentlichen Unterschied im Wirtschaften unserer Tage darin, je nach dem ob das Wirtschaftssubjekt als einzelner sich unter die Menge der wirtschaftenden Volksgenossen mischt, oder ob es Seite an Seite und verbunden mit gleichgeordneten und gleichstrebenden Gesellen in das Wirtschaftsleben eingreift. Im ersteren Falle steht das Wirtschaftssubjekt, unerachtet der immer auch sozialen Seite seiner Rechtsstellung, doch mehr allein und auf sich selbst, im zweiten Falle stehen die Gesellen verbunden in Reih und Glied, im Verein. Im ersteren Falle ist das rechtliche Vehikel der bewegten Wirtschaft nur der Vertrag, im zweiten Falle ist es zunächst einmal die Verbandsgründung, die dann auch weiterhin, wenn zahlreiche Vertragsschlüsse im Innen- wie im Außenverhältnis folgen, für die Zusammenarbeit der Gesellen, Vereinsmitglieder die Grundlage bleibt. Gesellenpflicht und Gesellentreue ergeben sich aus dem Verbandsverhältnis. Scharf ist der Gegensatz der Verbände besonders in rechtsethischer Hinsicht, also in Hinsicht auf die Pflichten gegenüber dem anderen Beteiligten, zum selbstnützigen Vertrage, dessen Hauptvertreter der von den Römern so bevorzugte, im Moment sich vollziehende lose Kauf ist, viel weniger scharf freilich zu manchen Verträgen, in denen das Vertrauen des einen Vertragteils zum andern eine ausschlaggebende Rolle spielt, von mir „Vertrauensgeschäfte“ genannt.

Der von den Römern überkommene scharfe — heute sich freilich ganz allmählich etwas abschleifende — Gegensatz von privatem und öffentlichem Recht ist darum eigentlich so von Grund aus undeutsch, weil darüber jede Möglichkeit eines relativ selbständigen Sozialrechts, woran unser heimisches Recht so reich war, unmöglich wird. Statt dessen bleibt nur übrig: die einzelne Rechtsperson und der Staat. Die freilich außerdem noch anerkannte juristische Person formte sich dem innerhalb der privaten Sphäre so individualistisch denkenden Römer wie von selbst ganz nach dem Muster des geschlossenen und willensstarken Typs seines

Paterfamilias, dominus und creditor. Ohne einen ausgesprochenen Sinn für das Moment der Dauer, statt dessen überall eingestellt auf aktivste Willensspontaneität, dabei, ebenso wie der Grieche, geneigt zu scharfen Trennungen und Antithesen, sah der Römer in der Gesellschaft mal zunächst negativ, daß der lockerer gefügten Vereinigungsform der Gesellschaft die Erfordernisse einer juristischen Person abgingen, positiv aber nicht viel mehr, als daß hier ein Vertrag zugrunde liege von der Art anderer Verträge auch.

Wir sind hier bisher sosehr den Römern nachgelaufen und haben so völlig das blühende Gemeinschaftsleben unserer eigenen Vergangenheit vergessen, daß noch heute die positivgesetzliche Regelung unseres Verbandswesens völlig zersplittert und zerfahren geblieben ist.

Hier ist ein vollrechtlicher Blick des Wirtschaftsjuristen unmittelbar ins Leben nötig, aber auch sofort ausreichend, um das Verbandsproblem als ein ganz zentrales und in sich zusammenhängendes Problem der deutschen Wirtschaft und damit auch des deutschen Wirtschaftsrechts zu erkennen.

So gliedert sich das natürliche System des privaten, deutschen Wirtschaftsrechts in das Recht der Verträge — weitere Hauptunterscheidung der Verträge in selbstnützige Verträge und in Vertrauensgeschäfte — und in das Recht der Verbände: daraus fügt sich dann das Recht der bewegten privaten Wirtschaft oder des Verkehrs zusammen, das, nach dem über die Verträge als Lebensverhältnisse Gesagten, zugleich die dinglichen Eigentums- usw. Erwerbs- und Veräußerungsverträge mitumschließt. Anschließt sich — darüber hier nichts weiter! — das Recht der ruhenden Wirtschaft, des Rechtsgenusses, der Rechtsausübung.

Vertrag und Verband, beide als Lebensverhältnisse aufgefaßt, nehmen zwanglos vom BGB. das ganze Recht der beiden ersten Bücher — Allgemeiner Teil und Schuldverhältnisse — und vom Sachenrecht — drittes Buch — die dinglichen Verträge in sich auf. Indem im Vertrage sowohl wie im Verbande Errichtungsakt und Rechtsfolgen ohne künstliche Trennung beieinander gelassen werden, wird z. B. eine bequeme und sichere Brücke geschlagen zwischen den Regeln des Allgemeinen Teils über die Verträge (als Errichtungsakte), Rechtsgeschäfte und Willenserklärungen einerseits und den Schuldverhältnissen andererseits.

Der sachlich so einleuchtende Unterschied zwischen einer bewegten und einer ruhenden Wirtschaft, der im positiven Rechte durch die Lostrennung der dinglichen Verträge von den schuldrechtlichen sich so unangenehm verwischt hat, tritt wieder klar heraus.

Ist es für denjenigen, dessen Blick scharf und unbefangen genug geblieben ist, um durch die von Herkommen und alter juristischer Denkgewohnheit gewobenen Spinneweben hindurchzuschauen ins wirkliche Leben der Wirtschaft, noch nötig zu sagen, daß gegenüber dem hier skizzierten natürlichen System der Wirtschaft und des Wirtschaftsrechts das System der positiven Privatrechtsgesetze als durchaus künstlich und lebensfremd angesprochen werden muß?

Eine an sich unentbehrliche, aber hier viel zu weit getriebene Abstraktionsmethode läßt den Gesetzgeber des BGB. weit voraus vor das lebensnahe und laienverständliche Typenrecht der einzelnen Verträge („Schuldverhältnisse") Rechtssätze von blutleerer Allgemeinheit über Rechtsgeschäft, Willenserklärung und Vertrag ziemlich an den Anfang des ganzen Gesetzeswerkes rücken, — unbekümmert um den gelegentlichen Rat Savignys, der Jurist möge doch ja Maß zu halten wissen in der Bildung abstrakter Begriffe und Sätze. Die das einheitliche Wirtschaftsrecht grausam in drei verschiedene Bücher teilende scharfe

Schere des Gesetzgebers, sucht das wirtschaftlich und psychologisch Zusammengehörige, sucht Abschluß des Geschäfts und Geschäftswirkung, Grundgeschäft und Erfüllungsgeschäft plump zu trennen. Aus der „abstrakten" Natur der dinglichen Verträge zieht die Praxis — verführt, wenn auch nicht gezwungen hierzu durch die Bucheinteilung des Gesetzes —, zum Teil die sinnlosesten, das Rechtsgefühl schwer verletzenden Konsequenzen (der juristische Fachgenosse denke nur an die berüchtigte Rechtsprechung zur Bordellhypothek!).

Das Verbandsrecht, statt einheitlich und zusammenhängend in der Folge im Gesetze geregelt zu sein, wie es füglich sollte, ist verkleckert auf eine größere Anzahl einzelner Gesetze. Hypnotisiert von der römischen, für uns Heutige wenigstens längst lebensfremd gewordenen scharfen Antithese von Verein mit juristischer Persönlichkeit und „bloßer" Gesellschaft, regelt der Gesetzgeber diese verwandten Rechtsmaterien an zwei voneinander weit entlegenen Stellen seines weiträumigen Einheitsgesetzes. Vergeblich versucht vom Allgemeinen Teil her der nichteingetragene Verein (§ 54 BGB.) die Hand hinüber zu strecken nach dem für ihn selbst so lebensnotwendigen Gesellschaftsrecht am Ende des Rechts der einzelnen Schuldverhältnisse (§§ 705 f.) vergeblich, das Wasser dazwischen ist gar zu breit und tief!

Noch ein anderer entstellender Schönheitsfehler!

Unser deutsches vorrevolutionäres privates Vereins- und Gesellschaftsrecht, gerade auch das der Erwerbsvereine und -Gesellschaften, war seiner Grundrichtung nach durchaus freiheitlich und keineswegs noch polizeistaatlich. Für die wichtigen Haupttypen der Erwerbsgesellschaften nach Reichsrecht ist mit dem Konzessionssystem längst gebrochen. — Das BGB. als oberstes Einheitsgesetz des ganzen privaten und privatwirtschaftlichen Verkehrs sollte nun füglich dem sich für diese Dinge interessierenden Volksgenossen hier einige schlichte Handweisung geben, vor allem ihm dabei durchaus stets klaren Wein einschänken.

Ein solcher Unglücksmensch, der harmlos auf eigene Hand im ersten Anlauf sich einen Zugang zu erschließen versuchen würde zum Verständnis des Rechts unserer privaten und besonders auch privatwirtschaftlichen Verbände, kommt beim BGB schlecht an: Durchaus und grundsätzlich gelehrt-technisch und unvolkstümlich, wie dies Gesetz leider ist, ist es ganz allgemein zum Selbststudium des Nichtjuristen denkbar ungeeignet. Aber in diesem besonderen wichtigen Einzelfalle ist es noch mehr als das, ist es direkt irreführend. Ein solcher Leser stößt nämlich alsbald vorne im Allgemeinen Teile auf die Bestimmung, daß ein auf einen wirtschaftlichen Geschäftsbetrieb gerichteter Verein in Ermangelung besonderer reichsgesetzlicher Vorschriften Rechtsfähigkeit durch staatliche Verleihung, also durch Konzession erlangt. Für den Wissenden klärt sich der Fall freilich ziemlich harmlos auf: Der Gesetzgeber hat für die Hauptarten der Erwerbsverbände — A. G., G. m. b. H., usw. — ein freiheitliches, von Konzessionszwang unabhängiges, nur die Einhaltung gewisser Normativbestimmungen verlangendes Sonderrecht geschaffen. Und § 22 BGB. will nur verhindern, daß eben diese Normativbestimmungen auf dem Wege formloser und ganz freier Gründung von Wirtschaftsvereinen beiseite geschoben werden könnten. — Muß aber nicht unser nach eigener Belehrung strebender Nichtjurist, zumal wenn er sich vielleicht bereits von rechtskundiger Seite hat klar machen lassen, daß der „Allgemeine Teil" des BGB. in der Hauptsache bezwecke, für das bürgerliche Recht schlechthin geltende allgemeine Regeln aufzustellen, vollkommen irre werden, wenn er gleich zu Anfang auf diesen § 22 BGB. stößt, der, ausdrücklich als zweite der „Allgemeinen Vorschriften" für Vereine, durchaus im Sinne einer wichtigen allgemeinen Regel die Rückkehr des Polizeistaats auf dem zentralen Gebiete des Rechts der privaten Wirtschaftsverbände zu verkünden scheint? —

So ist denn nicht nur an vielen Ecken und Enden, sondern gerade an den letzten Hauptknotenpunkten des systematischen Netzes überall diese leidige Gleichgültigkeit unseres Rechts und unseres Rechtsbetriebes gegenüber den wirtschaftlichen Zusammenhängen und dem wirtschaftlich Wesentlichen und Regelmäßigen zu spüren. Hier tut bei einer Reform unseres Privatrechts, bei einer Überführung des Privatrechts — ohne Familien- und Erbrecht — in ein echtes Wirtschaftsrecht, systematisch und inhaltlich eine Neuorientierung Not.

Vorher und alsbald aber haben bereits die Hochschulen im rechts- und wirtschaftswissenschaftlichen Unterricht nach solider und allseitiger Vorführung und Pflege des positivgesetzlichen Systems dies natürliche System dem ersteren kritisch an die Seite zu stellen.

Es dürfte keinen einzigen juristischen Dozenten geben, wenn er auch nur einigen Sinn hat für einen pädagogisch bequemen und ökonomischen Lehrvortrag, dem nicht die Zerreißung des bürgerlichen Wirtschaftsrechts entsprechend der Bucheinteilung im BGB. in drei verschiedene Vorlesungen – Allgemeiner Teil, Schuldrecht, Sachenrecht — sehr mißlich und unbefriedigend erschiene.

Von dieser Not legt ein Antrag Stampe auf der HallKonf. beredtes Zeugnis ab:

> Es wird empfohlen, bei der Darstellung des bürgerlichen Rechts, zu der vor 1900 üblichen Einteilung zurückzukehren, die den Allgemeinen Teil, das Sachenrecht und das Obligationenrecht zu einer großen Vorlesung zusammenfaßte, — um dadurch die Bewegungsfreiheit für systematische Anordnung wieder herzustellen, welche, durch die jetzige Zerlegung in getrennte Vorlesungen vernichtet ist.

Wenn dieser Antrag mit allen Stimmen abgelehnt worden ist, so können, scheint mir, hierfür nur Bedenken aus der ungefügen Gestalt einer solchen Riesenvorlesung oder aber, falls man diese nunmehr wieder auf zwei oder mehr Semester verteilen würde, aus dem Gesichtspunkt der Beschränkung der studentischen Freizügigkeit heraus maßgebend gewesen sein. Sollten diese Bedenken als in der Tat heute noch durchschlaggebend anerkannt werden müssen, so wäre dies nur noch ein weiterer Beweisgrund für die alsbaldige notwendige systematische Erneuerung und Verbesserung unserer zentralen privaten Wirtschaftsgesetze.

3.

Eine Privatrechtswissenschaft und -pädagogik, die sich nur oder doch ganz vornehmlich einstellt auf die geltende Gesetzgebung, ist in Gefahr, heutzutage allen realen Boden unter den Füßen zu verlieren. Dagegen ist der Wirtschaftsjurist, der neben dem positivgesetzlichen noch einen anderen Standpunkt kennt und der, auch wenn er das positive Gesetz bearbeitet, dies nach vollrechtlicher Arbeitsweise zu tun sich bemüht, ohne weiteres dagegen gefeit, das formelle Gesetzesrecht mit dem lebenden Recht zu verwechseln.

Die für jenen engeren Standpunkt ohnehin vorhandene Gefahr der Isolierung wird noch um ein gut Teil drohender, wenn man weitergeht und das bürgerliche Recht — abgesehen vom Handelsrecht, das ja von Alters her für sich ausgiebig gepflegt worden ist — mehr oder weniger identifiziert mit dem BGB. So schließt etwa eins der besteingeführten Lehrbücher des bürgerlichen Rechts grundsätzlich und ausdrücklich die „Nebengesetze" aus der Mitbehandlung im bürgerlichen Rechte aus: „Das würde ein zu weites Feld geben", — wie der alte Herr von Briest bei Fontane sagt. Ein solches vorsichtig isolierendes Verfahren hatte schon vor dem Kriege seine schweren Bedenken gegen sich. Gewiß, das BGB. hatte die ersten $1^1/_2$ Jahrzehnte seiner Geltung nur die eine oder die andere ganz geringfügige Änderung erfahren. Aber ist es nicht schon für die Zeit kurz vorm Kriege höchst irreführend, wenn der Rechtsstudent, wie dies häufig geschah, in Kolleg und Lehrbuch es so dargestellt bekam, als wenn noch im Jahre — sagen wir: — 1913 bei uns volle Privatautonomie des Verkehrs geherrscht hätte? — Eine schöne Privatautonomie das, wo der Organisationszwang extensiv und intensiv schon ständig zunahm in Kartellen und Syndikaten, in Berufsvereinen und Tarifverbänden! Gewiß, formal angesehen hatten der Friseur mit Kaufladen, der Detaillist in Webwaren, der kleine Eisenwarenhändler noch die Vertragsfreiheit, selbst zu bestimmen, ob sie Kaufverträge abschließen wollten oder nicht. Aber wenn der Friseur seine Kosmetika und andere Markenartikel, wenn der Manufakturwarenladen einige Damen- und Kindermäntel, wenn der Eisenwarenhändler gewisse Eisenwaren kaufen wollten — und sie konnten es und mußten es nur bei dieser einzigen mit scharfem Kartellzwang arbeitenden Vereinigung von Produzenten oder Großhändlern, wollten sie anders nicht ihren Verkaufsladen einfach zumachen! —, dann konnten sie es nur innerhalb eines überaus engen Zwangsnetzes von Lieferungsbedingungen usw.

Ob man wohl vorm Kriege in vielen bürgerlichrechtlichen Kollegs hiervon viel erfahren hat? Ob man wohl das Bild halb-antiker, halb-manchesterlicher privater gesetzesgeschützter Freiheit nach BGB. häufig konfrontiert hat mit diesem mittelalterlich anmutenden Bilde der zunehmenden berufsständischen privaten Zwangswirtschaft?

Aber auch der Rechtslehrer, der die grundsätzliche Mitberücksichtigung des lebenden Rechts abgelehnt hätte, hätte doch den Vortrag des rein positiven bürgerlichen Rechts auch in den Jahren, die sich vom 1. Januar 1900 mehr und mehr entfernten, dadurch lebenswahrer gestalten können, daß er herzhafter das öffentliche Recht, soweit sachverwandt, einbezogen hätte in seinen Vortrag. Ich kann nicht wissen, ob und in welchem Umfange dies geschehen ist. Die durchweg spezialistische zivilistische Behandlung in unsern Lehrbüchern läßt wenig Gutes hoffen.

Gehen wir aber, statt auf das Jahr 1913 zu exemplifizieren, gleich auf die Gegenwart über. Die Sozialisierungsgesetzgebung nagt heute am Kern des Privatrechts, des privaten Eigentums. Die Fälle möglicher Enteignung, früher strengstes Ausnahmerecht, nehmen immer mehr zu. Betriebsrätegesetz und die verstärkt einsetzende sozialpolitische Gesetzgebung hemmen die freie werbende Verwendung und Ausnutzung der privaten Rechte. Aber, selbst hiervon einmal abgesehen, sollte es angehen dürfen, daß man heute noch das Erbrecht vortragen darf rein auf der Grundlage nur des BGB., also z. B. ohne zu sagen, daß einem der nach unserm BGB. noch ganz bescheiden in der Ecke stehende Racker Staat im ungünstigsten Falle heute bis zu 90% der Erbschaft nehmen kann, oder ohne zu sagen, daß in dem Reichserbschaftssteuergesetz wichtige Unterscheidungen unseres bürgerlichen Erbrechts von zum Teil mehrtausendjährigem Alter einfach als Bagatelle behandelt werden?

Wird es nicht heute nötig sein, im Mietrecht — der Angst vor einer Metabasis eis allo genos unerachtet — ausgiebig auf das neue Wohnungs- und Zwangsmietnotrecht usw. der Kriegs- und Nachkriegszeit ebenso deutlich hinzuweisen, wie auf die kommende Mietsteuer?

Gewiß, wer leugnet, daß das Recht vor allem eine reale Lebensmacht ist und daß der Rechtsunterricht die Rechtsjünger unmittelbar und mit möglichst wenig Umwegen sowohl wie Auslassungen für das Leben und eine lebensvolle Rechtspflege und Verwaltung in der Gegenwart erziehen muß, — der kann sich all solcher „nicht zur Sache gehöriger" Zumutungen immer noch leicht erwehren. Aber wagen ihrer noch viele, sich gegenüber der dringenden Not und Hilfsbedürftigkeit unserer Zeit und unseres Volks so zu stellen?

Gewiß, auch unsere heutige Verfassung bekennt sich noch zur „Vertragsfreiheit" (Art. 152), gewährleistet, wenn auch mit recht viel mehr Vorbehalten im Wort und mehr noch im Ton ihrer Anordnungen als ältere Grundgesetze privates Eigentum und Erbrecht. Aber man muß die Einzelgesetze, muß die Praxis ansehen, um die Wirklichkeit zu erkennen.

Mehr und mehr engt sich der Bereich des wirklich privaten und freien Wirtschaftsrechts ein. Statt Freiheit herrscht Zwang, statt Rechtsgleichheit herrscht Sonderrecht, statt vorsichtiger Zurückhaltung herrscht schärfster und allseitiger Engriff des Staats. Führwahr, zuletzt vorm Kriege immerhin noch eine Oase, eine Insel, ist das Privatrecht heute kaum mehr als ein von der Brandung des öffentlichen und „halböffentlichen" Rechts wild und gefährlich umbrandetes Riff.

Gewiß, selbst heute noch sind die Züge des BGB. gegenüber seinem Aussehen von 1900 unmittelbar noch wenig verändert. Aber es ist etwas durchaus Überlebtes, etwas von der längst von den Jahren überholten Schönheit des fatalen Bildnisses des Dorian Grey in diesen Zügen.

4.

Auch das Betriebsrätegesetz, dieser Markstein in der Fortentwicklung des Privatrechts unserer produktiven Wirtschaft zu einem Sozialrecht, proklamiert selbst noch unbefangen seine Wirksamkeit „für alle Betriebe, Geschäfte und Verwaltungen des öffentlichen und privaten Rechts", wie ja auch unsere Verfassung (Art. 7) noch ausdrücklich dem Reiche die Gesetzgebung über das bürgerliche Recht zuspricht. Ebenso sicher, wie es ist, daß unsere Gesetze und die Sprache der Juristen und der Öffentlichkeit noch weiterhin vom öffentlichen und privaten Recht reden werden, ebenso unbestreitbar ist es, daß schon heute das Privatrecht verglichen mit der Frische und der Festigkeit und der Geschlossenheit, mit der es noch etwa vor einem halben Jahrhundert vor den Deutschen darstand, heute nur noch einem Schneemann im März gleicht, den in kürzester Frist die Sonne weich und formlos gemacht und schnell der gänzlichen Auflösung nahegebracht hat. Das ist eine Feststellung, die mit parteipolitischen Neigungen oder Abneigungen rein garnichts zu tun hat.

Für das Privatrecht im Sinne des Rechts- und Wirtschaftsliberalismus des vorigen Jahrhunderts ist charakteristisch, daß die rechtlich freien und gleichen Bürger, der einzelne mit den andern einzelnen, im unbehinderten Wettstreit die wirtschaftlichen Kräfte sollten messen und voll entfalten können und daß sich der Staat, aus dem Saulus ein Paulus, aus dem bevormundenden Polizeistaat ein Rechtsstaat werdend, sich beschränken sollte auf die Hegung der großen Arena des Privatrechts und des privaten Verkehrs, im übrigen seine Gewalt wesentlich nur ausüben sollte im Dienste des Schutzes des Eigentums und einer unparteiischen Rechtspflege.

Freiheit, Gleichheit, Vereinzelung, Schutz des uneingeschränkten Eigentums, Staatszurückhaltung —, was ist von alledem heute noch übrig geblieben!

Aber es gilt hier nicht nur — einerlei, ob bekümmert oder gleichmütig oder froh — eine Verlustliste aufzustellen von der Schlacht, von dem Stellungskriege, in dem das Privatrecht seit den 70 er Jahren des vorigen Jahrhunderts langsam zermürbt worden ist, sondern es gilt positiv zu erkennen, was an die Stelle getreten ist. Es ist nun gewiß nicht so, als wenn da, wo früher das Privatrecht herrschte, heute eitel öffentliches Recht herrschte. Vielmehr wird heute derselbe reale Tatbestand, der noch vor 50 Jahren ausschließlich vom Privatrecht geordnet schien, heute in häufig buntester und feinster gegenseitiger Durchdringung und Wechselwirkung von privaten, sozialrechtlichen und öffentlichrechtlichen Normen geordnet.

Das Betriebsrätegesetz ist auch hier ein anschauliches Beispiel. Wie das konstitutionelle Staatsrecht, indem es das Monarchenrecht einschränkt, es damit im übrigen zugleich anerkennt, so anerkennt und beschränkt zugleich das Betriebsrätegesetz die Selbstbestimmung des Unternehmers im werbenden Gebrauch seines Eigentums, seines Betriebes. Insofern baut das neue Gesetz durchaus auf auf der auch von ihm als tragfähig anerkannten Grundlage des Privatrechts. Aber Sozialrecht ist es, wenn nun vor unsern Augen die Vertretungen der Arbeitsnehmer entstehen, sich gliedern und verhandlungs- und aktionsfähig werden, mit Hilfe von Wahlvorständen, Obleuten und Ausschüssen, mit Hilfe von Geschäftsordnungen und Niederschriften, mit Hilfe von Sitzungen, Sprechstunden usw. usw. Sozialrecht ist es ferner, wenn das Ineinandergreifen von Betriebsorganen mit den Berufsvereinen, Gewerkschaften usw. vorgesehen und sichergestellt ist. Öffentliches Recht aber ist es offensichtlich, wenn der Staat, wie er überhaupt den verbindlichen Rahmen für dies ganze Wesen der Betriebsorganisation festgelegt hat, so auch im einzelnen die Erledigung von Streitfällen durch Angehen des Schlichtungsausschusses, wie er den Minderheitenschutz, wie er die strafweise Sicherung gewisser aus dem Gesetze erstehender besonderer Pflichten vorsieht und regelt.

Ganz Ähnliches gilt für die sozialisierten Gewerbe: Auch hier verflechten sich Privatrecht, privates oder berufliches Sonderinteresse eng mit öffentlichem Recht und Gemeininteresse, und die Organisation, die das ganze, schwerfällig genug, tragen und in Gang halten soll, ist eine sozialrechtliche, zugleich komplizierte und kompromißhafte Umfassung und Gliederung der als Produzenten — Arbeitgeber und Arbeitnehmer — und Konsumenten Beteiligten.

All das fußt historisch auf dem Privatrecht und seinem Eckpfeiler, dem privaten Eigentum, läßt sich daher in seiner Zurückführung auf das verhältnismäßig uneingeschränkte private Eigentum (der Römer und) des Rechts- und Wirtschaftsliberalismus am leichtesten voll verständlich machen.

All das wird hier mit einbezogen in das Recht der privaten Wirtschaft, in dem Sinne eines zum Teil noch heute aktuellen, mehr und mehr freilich schon historisch gewordenen Zusammenhanges mit den Grundsätzen und Normen eines freiheitlichen bürgerlichen Rechts.

Den Zusatz „privates Recht" und „privates Wirtschaftsrecht" einfach über Bord zu werfen, geht angesichts der in unserm landläufigen und offiziellen Sprachgebrauch sich auswirkenden vis inertiae nicht an. Wohl aber ist es für die Wissenschaft geboten, die Adjektiva „privat" und „bürgerlich" stets mit all den Vorbehalten zu gebrauchen, wie dies hier geschieht, und vor allen Dingen stets dessen eingedenk zu sein, daß die Worte heute keine scharfen Grenzziehungen, keine Aufteilung alles Rechts in zwei große Hemisphären mehr anzudeuten oder gar zu gewährleisten vermögen.

Erst dann, wenn einmal auch ein Öffentlichrechtler sich systematisch und inhaltlich als Wirtschaftsjurist bekannt haben wird, wird zu erwägen sein, welche Gruppierungen bei der Pflege und für die Aufteilung des gesamten Wirtschaftsrechts für Forschung und Lehrweise sich empfehlen werden.

5.

Der Wirtschaftsjurist hat das Wirtschaftsrecht als Wirtschaftsrecht, ausgerichtet nach wirtschaftlichen Gesichtspunkten und Zusammenhängen, in Vorlesungen und Seminarien in Pflege zu nehmen.

Unsere Ausführungen über die Gliederung des Rechts der privaten Wirtschaft nach wirtschaftlichen Gesichtspunkten, die wir im Unterabschnitt unter Nr. 2 (S. 12 f.) gaben, werden wohl schwerlich anfechtbar sein, bleiben aber ihrerseits, allgemein gehalten wie sie sind, noch einigermaßen formal. Sie sollten vorerst nur einmal soviel zur positivgesetzlichen Systematik unseres zentralen Gesetzbuchs des BGB. hinzufügen, als nötig und gerade eben zureichend ist, um die ersten drei Bücher dieses Gesetzes zugleich wirtschaftlich zu unterbauen und in einen innigeren Zusammenhang aller ihrer Teile zu bringen: — was dann, da eben das gegenwärtige positive Gesetz diesen inneren Zusammenhang eher zerreißt, als klug berücksichtigt, eine Umgruppierung im Gesetze selbst zur Folge hatte.

Daß insbesondere unsere Gruppierung des Verkehrsrechts um den Vertrag als Lebensverhältnis sich mit einer herkömmlichen Einteilung der Nationalökonomie als Wissenschaft einigermaßen die Hand zu reichen vermag, ist leicht zu zeigen. Die drei Grundfaktoren in diesem herkömmlichen System der Volkswirtschaft (vergl. staatswissenschaftliche Reform, Jastrow, 120 f.) sind Gütererzeugung, -verteilung, -verbrauch. Es wäre nun leicht nachzuweisen, wie jeder dieser Faktoren sich in einen Zusammenhang ineinandergreifender Vertragsbeziehungen auflösen läßt.

Freilich entfernt sich diese „Auflösung" schon wieder in bedenklicher Weise von den Einzelzusammenhängen innerhalb der Wirtschaft. Der Vertrag für sich allein vermag eben nicht mehr und nicht weniger zu leisten, als einen allerletzten, ein brauchbares System mit begründenden und miteinteilenden Begriff der unter rechtliche Beleuchtung gerückten Sozialökonomie zu stellen.

Hierbei darf der Wirtschaftsjurist, wenn er der inneren Gliederung der Wirtschaft nahekommen will, gewiß nicht stehen bleiben.

Um z. B. von der Güterproduktion unter vollrechtlichem Gesichtswinkel eine etwas weniger schematische Anschauung zu bekommen, reicht der Vertrag allein nicht aus, da er, zu sehr nur auf die vier Augen zweier Kontrahenten gestellt, zu wenig Gefüge, zu wenig Gliederung in sich hat, als daß in ihn z. B. der organisatorische Reichtum einer gewerblichen Unternehmung irgendwie angemessene Aufnahme finden könnte. Wir unterstellen dabei etwa den einfacheren Fall eines Gewerbebetriebes in der Hand eines einzelnen Besitzers, nicht in Gesellschaftsbesitz. Bis vor kurzem mochte der Jurist noch meinen, solch einen Betrieb juristisch adäquat auflösen zu können in eine große Anzahl von Kauf- bezw. Werkverträgen einerseits, Arbeits- und Anstellungsverträgen andererseits. An „verbindendem Texte" in dieser Folge von unverbundenen individuellen Verträgen konnte etwa noch der § 121 der Gewerbeordnung dienen, der die Arbeitnehmer verpflichtet, den Anordnungen der Arbeitgeber in Beziehung auf die ihnen übertragenen Arbeiten Folge zu leisten. Man mochte weiterhin solche Anordnungen zum Teil sich noch in den vom Arbeitgeber zu erlassenden Arbeitsordnungen näher, auch juristisch, artikuliert denken.

Erst das Betriebsrätegesetz vom Februar 1920 ermöglicht an der Hand des Begriffs des Betriebes und, indem es das Funktionieren des Betriebes nunmehr privat-, sozial- und öffentlichrechtlich als ein Zusammenwirken von Unternehmer und Arbeitnehmerschaft in einem vielgestaltigen dauernden Lebens- und Arbeitsverhältnis auffaßt, gliedert und regelt, die bequeme vollrechtliche Erfassung des Betriebes als eines Lebensverhältnisses von reicherer Struktur, als der einfache Vertrag und selbst der Verband, wenigstens in seinen einfacheren Formen, es sind.

Dies sei hier nicht weiter verfolgt, soll vielmehr nur andeuten, wie der Wirtschaftsjurist seine Arbeit damit keineswegs getan hat, daß er dem BGB. einen neuen wirtschaftlich in sich zusammenhängenden Grundriß untergeschoben hat.

Für das, was der Wirtschaftsjurist als solcher im Unterricht zu bieten hat, ist es leichter, den allgemeinen Rahmen festzulegen, als schon hier im ersten Wurfe das Bild im Rahmen ins Einzelne auszumalen.

Eine Vorlesung über neuere Geschichte des privaten deutschen Wirtschaftsrechts hätte von den Tagen der Aufklärung an bis in unsere Zeit zusammen und stets aufeinander bezogen den Gang der Wirtschaft und des Wirtschaftsrechts darzustellen. Da der Wirtschaftsliberalismus, in dem noch so stark, wenn auch nicht mehr ausschließlich, unsere heute noch geltenden bürgerlichen Gesetze wurzeln, nur eine Teil- bezw. Folgeerscheinung ist des großen religiösen, politischen, ethischen, wirtschaftlichen, sozialen, rechtlichen Emanzipationsprozesses der Aufklärung, in deren Erbe dann der Liberalismus und die moderne Zivilisation eingetreten sind, so kann in dieser Vorlesung an einer allgemeinen Analyse der Aufklärung nicht vorbeigegangen werden. Noch weniger darf etwa für die Zeit bis zur Reichsgründung die außerdeutsche Entwicklung, besonders die englische und französische Aufklärung beiseitegelassen werden. Ein starker Wille zur Konzentration, ein feiner Sinn für Erheblichkeit und für Zusammenhang müssen zusammenwirken, damit die eigentliche Aufgabe der Vorlesung, letztlich auf das deutsche private Wirtschafts recht der Gegenwart hinzuführen, nie verdunkelt werden; sie müssen also davor bewahren, daß über der Mitberücksichtigung außerjuristischer und außerdeutscher Gedankenreihen und Entwicklungen nie das Ziel verrückt werde, eine nationale Wirtschafts rechts-geschichte zu geben.

Eine systematische Vorlesung hätte die private deutsche Wirtschaft der Gegenwart in ihren vorjuristischen psychologischen und realen Zusammenhängen knapp zu schildern und hätte alsdann die Scheinwerfer sowohl des allgemeinen bürgerlichen Rechts, wie der Spezialgesetze einzustellen auf die Wirtschaft und ihre Zusammenhänge, hätte dabei auch die Scheinwerfer öffentlich- oder sozial-rechtlicher Gesetze und Bestimmungen ja mit spielen zu lassen. Hier gilt kein Zwang mehr einer positiven Gesetzessystematik, den Zusammenhang schafft hier die Wirtschaft selbst, und das Recht hat aus allen seinen Arsenalen dasjenige bereit zu stellen, womit man an die Wirtschaft begreifend und ordnend heranzukommen vermag.

Die systematische Vorlesung wird sich im Anschluß an die wichtigsten wirtschaftlichen Berufsstände und Haupthantierungen so gliedern können:

I. Kaufmann, Handel und Verkehr (einschließlich Seehandel, Schiffahrt, Seewesen);
II. Bank und Börse;
III. Gewerbliche Unternehmung und Arbeiter (soziale Frage). — Handwerk.
IV. Land- und Forstwirtschaft.
V. Freie Berufe.

Was die Reihenfolge anlangt, so empfiehlt es sich, die für das heutige Deutschland wichtigste Gruppe III darum nicht an den Anfang zu stellen, sondern der Gruppe I nachzuordnen, weil Gruppe I von einfacherer Struktur ist. Beim Einzelkaufmann und beim reinen Händler wenigstens spielt das Problem der Organisation der Arbeit noch nicht notwendig eine mitentscheidende Rolle; andererseits ist der gewerbliche Unternehmer, wie er ja auch dem HGB. soweit untersteht, regelmäßig zugleich Käufer und — soweit er nicht in Werklohn schafft — immer auch Verkäufer.

Der Darstellung des Rechts der großen Wirtschafts- und Berufsgruppen muß voraus gehen eine allgemeine private Wirtschaftsrechtslehre. Darin hat jenes oben skizzierte natürliche System der Wirtschaft und des Wirtschaftsrechts eine große Rolle zu spielen; die Begriffe des Vertrags und Verbandes als Lebensverhältnisse, des Betriebes, außerdem aber z. B. auch Gegensätze wie die der Einzelunternehmung und der Verbandsunternehmung oder die von Liefmann volkswirtschaftlich, von Geiler unlängst juristisch in das Blickfeld der Wirtschaftswissenschaft gerückten Unterscheidungen der Verbände in Unternehmungsgemeinschaften und Förderungsgemeinschaften sind hier zu würdigen und zu zergliedern.

Die psychologischen und ethischen Grundlagen der Wirtschaft sind hier vom Wirtschaftsjuristen in unmittelbarer Konsequenz seiner vollrechtlichen Einstellung zu erforschen und darzustellen. Es wird sich dabei z. B. zeigen, daß die ausschließliche oder wenigstens ganz vorherrschende — etwa nur durch Gesichtspunkte der Sozialpolitik oder der Charitas gemilderte oder abgebogene — Basierung des privaten Erwerbslebens auf Egoismus und Selbstinteresse, wie sie in der volkswirtschaftlichen Literatur noch bis auf den heutigen Tag ganz vorherrschend gelehrt wird, ganz einseitig ist: In den heute schon gleichwertig neben den selbstnützigen Geschäften stehenden Vertrauensgeschäften stehen Wirtschaftsgeschäfte vor uns von ganz anderer rechtsethischer Struktur und Gesinnung, Geschäfte, für die das Vertrauen in die Treue, Hingabefähigkeit, Offenheit, Sachkunde des andern Kontrahenten charakteristisch ist, in denen also in entscheidender Weise an bestimmte Tugenden des einen Teilnehmers appelliert wird.

Fragen kann sich, ob man, ohne Form und Umfang der vorweg darzustellenden allgemeinen Lehren zu ungefüg zu machen, versuchen soll, die Grundfragen des allgemeinen bürgerlichen Wirtschaftsrechts geschlossen dem Wirtschaftsrechte der großen einzelnen Berufsgruppen vorauszuschicken. Es ist das eine wichtige Frage der Einzeldarstellung, die hier nicht wohl weiter verfolgt werden kann. Aber freilich weist die Möglichkeit, in der Darstellung des heutigen privaten deutschen Wirtschaftsrechts das allgemeine bürgerliche — im Gegensatz zum Berufs-, Sonder-Wirtschaftsrecht — als bloßen Anhang dem Berufssonderrecht folgen lassen zu können, deutlich hin auf die gewaltige Wandelung, die wir wirtschaftlich und wirtschaftsrechtlich seit etwa zwei Menschenaltern in Deutschland durchgemacht haben: Der allgemeine private Verkehr unter freiem und gleichem bürgerlichen Rechte, von dem sich der Staat außer als Verwalter der Gerichts- und der Strafhoheit möglichst zurückhielt, hat fast ganz der berufsständisch gegliederten und in Aktion tretenden Wirtschaftsweise unter Berufssonderrecht Platz gemacht, bei gleichzeitigem starkem Anziehen der öffentlichrechtlichen und sozialrechtlichen Gewalt der Gesetzgebung und Verwaltung.

Die wirtschaftsrechtlichen Darbietungen — Vorlesungen mit anschließendem rechtstatsächlichem, wirtschaftsrechtlichem Seminar — würden auf der Universität den positivgesetzlichen Vorlesungen, auch den miteinschlagenden aus dem öffentlichen Recht, nachzufolgen haben. Ob der Rechtslehrer bereits in den positivgesetzlichen Vorlesungen, in denen gerade auch Ehrfurcht vor dem Recht als einer dauerhaften und überindividuellen Ordnung gepflegt werden soll, schon starke eigene kritische Vorbehalte machen darf oder soll angesichts anfechtbarer oder inzwischen überholter Bestimmungen eines noch geltenden Gesetzes, ist eine schwerwiegende Frage, die ein jeder Lehrer nach pädagogischen und staatsethischen Gesichtspunkten selbst mit sich abzumachen haben wird. Aber die systematische Vorlesung vor dem reiferen und alsbald ins praktische Leben zu entlassenden cand. iur. wird freilich spätestens die Stelle sein, wo Wert und Unwert eines natürlichen Systems des Wirtschaftsrechts und des technischen, künstlichen unserer Gesetze zu erörtern sein wird. Da die Erziehung zu Selbständigkeit, eigenem

Urteil und Lebenseignung eine der letzten und höchsten Aufgaben der juristischen Vorbildung ist, der sich schon der Hochschulunterricht auf keinen Fall entziehen darf, so ist gewiß besser und klarer, als die Hineintragung von zuviel Kritik und eigener Zutat in die positivgesetzlichen Darbietungen, eine mehr auseinandergezogene Lehrweise, bei der in verschiedenen selbständigen, in der richtigen Reihenfolge aufeinander folgenden Darbietungen die beiden ganz verschiedenen Standpunkte des positiven Juristen und des Wirtschaftsjuristen dem Rechtsjünger nahegebracht werden. In ruhiger Konfrontation beider Standpunkte, in besonnener Abwägung alles Für und Wider wird der Wirtschaftsjurist den reifer gewordenen Hörer jetzt behutsam anzuleiten haben, zunächst einmal zu unterscheiden und auf Grund der Unterscheidung klarer und realistischer zu sehen, weiterhin aber ihm die Aufgabe recht ernst und unentziehbar und für immer vor die Augen zu rücken, die die gute Rechtspflege unmittelbar an unserm notleidenden Volksleben zu lösen hat, darüber freilich nie der unentbehrlichen technischen Hilfe zu vergessen oder sie zu unterschätzen, die bei Lösung dieser Aufgabe dem Juristen immer wieder geleistet wird von unsern bestimmt gefaßten positiven Normen und dem ganzen rechtstechnischen Apparat.

Beide Standpunkte kommen um so sicherer und ausgeglichener jeder zu seinem vollen Rechte, wenn man im Universitätslehrbetriebe den Vortrag des positiven bürgerlichen Rechts mit dem des Wirtschaftsrechts in einer Person vereinigt.

Schwer und verantwortungsreich wird die Aufgabe derer sein, die zuerst positives und Wirtschaftsrecht gemeinsam an unsern Universitäten zu pflegen haben werden. Die Behelfsmäßigkeit der ersten Lösungsversuche darf nicht dazu führen, die Versuche zu unterlassen. Mit der Zeit werden wir einen akademischen Nachwuchs heranziehen können, der von Haus aus gleichmäßig als Wirtschaftler und als Jurist ausgebildet, von günstigeren Ausgangspunkten aus die Bestellung des fruchtbaren Grenzstreifens zwischen Norm und Wirklichkeit, zwischen Recht und Wirtschaft beginnen können wird. Bis dahin wird sich auch der Staub gelegt haben, der auch dem erfahrensten Volkswirte selbst heute noch die Umrisse unserer so um und um gewandten Wirtschaft verhüllt. So wird die Wirtschaftsjurisprudenz besonders in ihren Anfängen besonnene, gewissenhafte und fleißige Vertreter nötig haben. Die vollrechtliche Auffassung des Rechts muß sich gegenüber dem Rechtsleben überhaupt und insbesondere auch gegenüber der Wirtschaft bewußt bleiben, daß es eine nie ganz lösbare *Aufgabe* ist, ein Ideal, das sie sich mit dem individuellen Rechtsleben als dem Norm und konkretes Leben verbindendem Forschungsgegenstande gegeben hat. Die Schwierigkeit und der komplexe Charakter der Aufgabe, deren Lösung es immer nur *anzustreben* gilt, führt zwingend hin auf eine Teilung und Wiederzusammenfassung der Arbeit mehrerer auf eine Arbeitsgemeinschaft. Davon gleich im zweiten Abschnitt mehr.

Aber dieser Schwierigkeiten wegen die Sache vorerst ganz zu vertagen und auf die Akte „Wirtschaftsjurisprudenz" etwa zu schreiben „nach 10 Jahren wieder vorzulegen" — das hieße, die absolute Dringlichkeit und Zeitgemäßheit der Frage verkennen, das hieße auch verkennen, daß es auf Schritt und Tritt das Schicksal Deutschlands und deutscher Arbeit in den nächsten 10 Jahren sein wird, bestmögliche *behelfsmäßige* Lösungen zu finden und alsdann in zäher sich selbst allmählich veredelnder Arbeit die Behelfsmäßigkeit wieder mehr und mehr abzustreifen.

Zweiter Abschnitt.

Die Wirtschafts-Hochschule

1.

Wie groß ist wohl bei uns im deutschen Reiche, wo der Lehrer der Volkswirtschaftslehre nicht notwendig auch Jurisprudenz studiert haben muß, unter unsern Vertretern der Nationalökonomie die Zahl derer, die zugleich eine genauere und allgemeine Kenntnis unseres positiven Rechts besitzen? Ich fürchte, recht gering. Dabei scheint es, als wenn das Privatrecht noch mehr gemieden würde als das öffentliche Recht, — trotzdem Schumachers „Merkblatt" für Volkswirte (staatswissenschaftliche Reform S. 445) mit Recht gerade auch für den Volkswirt das Privatrecht für wichtiger erklärt, als das öffentliche Recht.

Bei Denkern von der Universalität eines Wundt und einer Vertrautheit gerade mit den Problemen der Kulturphilosophie, wie Rickert, fällt in den dem Rechte gewidmeten Partien ihrer Werke auf, daß sie zum heutigen positiven Rechte doch kein ganz innerliches und vertrautes Verhältnis zu finden vermocht haben. Bei einem so feinen und einfühlungsfähigen Denker wie Simmel finden sich Stellen, die darauf hindeuten, daß er immer noch das juristische Denken für eine Art leerer Begriffsmathematik gehalten hat.

Wir Juristen dürfen uns nicht beklagen, wenn die klügsten Leute aus den Nachbar- oder aus den allgemeinen Fächern an uns und unsern eigentlichen Problemen so häufig vorbeireden. Die Leute verstehen einfach unsere Sprache nicht mehr! Das Spezialistentum im Betriebe der deutschen Kulturwissenschaften hat seit dem 19. Jahrhundert am Rande des eigenen fachlichen Arbeitsfeldes überall Grenzwälle und Schutzblenden gegen den Blick vom Nachbargarten herüber aufgeführt. Hier tut zu allererst einmal ein freier Handel der Geister Not!

Wie hier dem vollrechtlich arbeitenden Juristen, vornehmlich dem Wirtschaftsjuristen, das Wort geredet worden ist, so muß auch eine vollwirtschaftliche Pflege der Wirtschaftswissenschaften erstehen.

Der wenig fruchtbare Streit zwischen Volkswirtschaftlern und Privatwirtschaftlern muß begraben werden, aus der Erkenntnis heraus, daß beide Wirtschaftswissenschaftler sind. Der Volkswirt muß anerkennen, daß der Privatwirtschaftler nicht nur die für die Heranbildung lebenstüchtiger späterer Wirtschaftspraktiker so überaus wichtigen organisatorisch-technischen Partien der Einzelwirtschaft in ein helleres Licht gerückt und in eine sorgsamere Pflege genommen hat, sondern auch, daß die Orientierung der Wirtschaft auf den besonderen Standpunkt der privaten Unternehmung neue Zusammenhänge gezeigt und altbekannte neu beleuchtet hat. Der Privatwirtschaftler hingegen, ist er ein unbefangener Mann von freiem Blick, wird billig anerkennen müssen, daß er die großen geschichtlichen und sachlichen Zusammenhänge für seine Arbeit nicht wohl anderswo schon vorgedacht und beschrieben finden mag als in der älteren Disziplin. Unter der Fahne der Wirtschaftswissenschaften können sich Volkswirt und Privatwirtschaftler ohne Präjudiz für ihre inneren Ressortgrenzen zusammenfinden. Und weiter müssen sich heute Wirtschaftswissenschaftler und Wirtschaftsjuristen an unsern Hochschulen die Hände reichen zu ständig gemeinsamer Arbeit. Arbeitsteilung sowohl wie Arbeitszusammenfassung tun uns heute so bitter Not bei der Pflege der Wirtschaftswissenschaften, zu denen ich stets auch das Wirtschaftsrecht rechne. Die Wirtschaft gleicht heute weit eher wieder einem rohen Chaos, denn einem gestalteten Kosmos. Die Vorbedingungen für die erneute wissenschaftliche Durchdringung dieser wieder gänzlich ungefüg gewordenen Massen und widerhaarigen und verschlungenen Probleme sind nie so ungünstig gewesen wie heute. Die Hochschulen selbst fristen kümmerlich ihr Leben. Die Buch- und Zeitschriftenproduktion wird durch die Preisgestaltung danieder gehalten; die persönliche Information, der Gedankenaustausch auf Kongressen u. a. sind äußerst erschwert. Für den Tatsachenjuristen z. B. sind die früher ungezählten Sammlungen unserer Obergerichte eine unerschöpfliche, von der landläufigen Rechtslehre viel zu wenig genutzte Fundquelle. Statt früher zehn, mag in Zukunft vielleicht noch eine Entscheidung veröffentlicht werden, und auch diese dann leicht mit einem noch mehr verstümmelten Tatbestande, als dies bisher schon vorkam. Gerade für die Konfrontation des lebenden mit dem formellen Gesetzesrecht aber bot, wie neuestens die verdienstlichen rechtstatsächlichen Arbeiten Nußbaums wieder gezeigt haben, die Rechtsprechung unserer Gerichte ein überaus wertvolles Material.

Auf der anderen Seite wird das Rechtswesen von Tag zu Tag komplizierter, ja, man muß einstweilen statt dessen richtiger sagen: verworrener. Der Wirtschaftler kommt hier, er mag wollen oder nicht, nicht aus ohne den juristischen Kollegen.

Restlos sind Wirtschaftswissenschaften naturgemäß nur die Nationalökonomie und die Privatwirtschaftslehre. Der Jurist wird sich immerhin einigermaßen gleichwertig den Vertretern jedes der beiden Fächer in der Schulung des kommenden Geschlechts führender Wirtschaftsmänner an die Seite stellen können. Mag sein, daß der Wirtschaftsjurist vorerst noch zweier Krücken nicht entraten kann, deren eine ihm der Privatwirtschaftler, deren andere ihm der Volkswirt leihen muß. Dafür muß sich jeder dieser beiden Nothelfer wiederum vom Juristen eine andere Krücke aus den Beständen des Rechts und der Rechtstechnik borgen. Aber nicht nur als ausgesprochener Wirtschaftsjurist ist der Jurist den Wirtschaftswissenschaftlern wertvoll. Der Jurist ist darüber hinaus der Mann der staatlichen, sozialen und privaten, gerechten und zweckmäßigen Organisation schlechthin. So ist er denn, auch soweit er sich nicht expreß mit dem Wirtschaftsrecht selbst befaßt, soweit er sich vielmehr etwa mit dem Staate und seiner Verwaltung und den allgemeinen Rechtssicherungen unseres Gemeinschaftslebens einschließlich Strafrecht und Prozeß befaßt, mittelbar ein unentbehrlicher Berater, Aushelfer, Arbeitskollege der Wirtschaftswissenschaftler: Freilich muß er sich hüten, hier gar zu eng, trocken und zünftig von diesen allgemeineren Künsten und Belangen seines Fachs zu reden, hier wo er nicht ausschließlich zu künftigen Sachwaltern und Dienern des Rechts spricht.

Anders steht es schon mit den Vertretern anderer Fächer, die auch ihre wirtschaftliche Seite haben, ohne doch mit ihrem Schwerpunkt in der Wirtschaft und im äußeren Gemeinschaftsleben zu liegen. Auch solche Fächer sind im Rahmen der geschlossenen Arbeitsgemeinschaft der Wirtschaftswissenschaften ganz unentbehrlich, um so unentbehrlicher, je entschiedener sie sich soweit gerade in den Dienst derjenigen Aufgaben ihres Fachs stellen, die auf die Wirtschaft hinweisen.

Der Chemiker, der im Rahmen einer Wirtschaftshochschule Warenkunde treibt, kann diesen Zweig der Chemie natürlich ganz anders ausbauen und auf die Bedürfnisse der Praxis von Handel und Industrie zuschneiden, wenn diese Spezialität sein Lebensberuf ist. In demselben Maße, wie er auf die Erringung von Lorbeeren in der „reinen" chemischen Forschung verzichtet, bekommt er Kräfte und Interessen frei für einen engen Einbau der Warenchemie in den Kreis der Wirtschaftswissenschaften, vermag als Naturforscher neben der chemischen zugleich die physikalisch-technologische Seite der Warenkunde mit zu verstehen und, mangels eines Spezialkollegen für physikalische Technologie, schlecht und recht mit zu pflegen. Wenn er darüber hinaus es noch versteht, die Brücke zu schlagen von seinem fachlichen Standpunkt hin zur Wirtschaft, wird er über die bloße Analyse der Gegenstände seiner Betrachtung und Forschung weg stets vorzudringen wissen zu der Frage des wirtschaftlichen Wertes dieser Ware, dieser Herstellungs- oder Bearbeitungsweise. So wird er dem wirtschaftswissenschaftlichen Unterricht das geben können, was weder Volkswirt, noch Privatwirtschaftler oder gar Jurist planmäßig und zusammenhängend vermögen: ein reiches Anschauungsmaterial eines guten Teils von alledem, das als W a r e im Zentrum des ganzen Produktions- und Tauschverkehrs steht, ein Warenmuseum, aber von der Art, die es gestattet, außer der äußeren Gestalt der Schaugegenstände zugleich ihre Eigenart, ihre Lebensbedingungen, ihre Zweckbestimmungen zu erkennen.

Hineingestellt in ein lebhaftes Zentrum von Handel und Industrie und mit dem gewerblichen Leben am Orte stets in enger Fühlung, wie es die Wirtschaftshochschule stets sein sollte, bietet sie dem Warenkundler die günstigste Gelegenheit für den Ausbau eines solchen Museums ebenso wie sie ihm und den eigentlichen Wirtschaftswissenschaftlern wohl vorbereitet dem Unterricht so überaus wertvolle Besichtigungen ermöglicht.

Ganz Ähnliches gilt für den Technologen und den technischen Physiker, den Wirtschaftsgeographen, den Statistiker und den Vertreter moderner Sprachen. Dem Letztgenannten, etwa einem Anglisten, braucht es keinen Abbruch zu tun an der wissenschaftlichen Werte seiner Arbeit, wenn er das Sprachwissenschaftliche im engeren Sinne mehr zurückstellt, dafür aber um so intensiver und allseitiger bemüht ist um die Erforschung und Vermittlung der englischen Kultur an seine Hörer im Rahmen der Pflege der englischen Sprache. Gerade dem Anglisten wird es dabei ein Leichtes sein, die Verschmelzung von Kultur (und Glauben) mit den Idealen und der Praxis der Wirtschaft im englischen Wesen richtig zu verstehen und verstehen zu machen.

Der Psycholog wird sich auf das Engste einfügen in die Arbeitsgemeinschaft der Wirtschaftshochschule, wenn er die Wirtschafts- und Arbeitspsychologie und -physiologie in den Vordergrund rückt: — auch dies wieder ein Arbeitsgebiet, wobei der Forscher und Lehrer zugleich die unmittelbarere Verbindung zwischen Hochschule und praktischem Erwerbsleben, in dessen geistig allgemeiner interessierten Kreisen das Interesse für diese Dinge heute sehr zunimmt, vertiefen und befestigen helfen kann.

Liegt das Besondere bei Warenkunde (Technologie), Wirtschaftsgeographie darin, daß hier reiche, in sich selbständige Wissenschaften — Chemie, Physik, Geographie — mit einer einzelnen Provinz hinüberlangen in das Reich der Wirtschaft, so liegt der Sachverhalt einfacher bei solchen Gebieten, die sich ganz oder überwiegend innerhalb des Bereichs der Wirtschaft und des Wirtschaftsrechts halten. Hierhin gehören Versicherungswissenschaft, Genossenschaftswesen und Verkehrswissenschaft. Daß es erwünscht ist, diese für große Berufs- und Interessentenkreise des Wirtschaftslebens wichtigen Einzelgebiete innerhalb der Wirtschaftshochschule in Sonderpflege zu nehmen, leuchtet wohl ohne weiteres ein.

Umgekehrt helfen Philosophie, Soziologie und Psychologie die wirtschaftswissenschaftliche Forschung und Lehre in einen weiteren Rahmen einzubauen und verhindern zusammen mit kulturgeschichtlichen und anderen allgemeineren Darbietungen eine Entartung und Veräußerlichung der Wirtschaftshochschule und s Hinabgleiten ihres Lehrbetriebes in Banausentum oder Krämergeist.

Schließlich darf eine gutausgestattete Wirtschaftshochschule heute einer nicht zu geringen und nebensächlichen Pflege der Sozialpolitik nicht ausweichen. Das Gebiet der Sozialpolitik überschneidet sich mit dem der Wirtschaft. Soweit beider Gebiete sich decken, ist die Mitbepflegung der Sozialpolitik seitens der Wirtschaftshochschule selbstverständlich. Weder die Arbeiterfrage noch wichtige Einzelprobleme, etwa das der Bevölkerungspolitik, lassen sich allseitig behandeln, ohne daß ständig ein Zurückgehen auf sozialpolitische Fragestellungen und Erörterungen entbehrlich wäre. Es wird heute eine wichtige Zweigaufgabe der Wirtschaftshochschulen sein, auch soweit die soziale Frage nicht ganz und gar mit wirtschaftlichen Problemen in Gemengelage liegt, sich der sozialen Fragen möglichst eindringlich mit anzunehmen.

2.

Es ist allbekannt, wieviel in Deutschland Technik und Wirtschaft den technischen Hochschulen verdanken. Diese Hochschulen entlassen nach einem jeden einzelnen Besucher scharf einspannenden, Theorie und Praxis, Lehre und Anwendung der Lehre eng verbindenden, arbeitsreichen Hochschulstudium, das Hand in Hand geht mit vorbereitender praktischer Betätigung, Männer ins praktische Leben, die sich den immer größer und wichtiger werdenden Aufgaben der Technik voll gewachsen gezeigt haben.

Auch die Techniker streben seit längerer Zeit für sich eine volle Erschließung der Verwaltungslaufbahn in Staat und namentlich in Kommunen, eine Beseitigung des „Juristenmonopols" auf die oberen Verwaltungsstellen an. Wie es scheint, ist aber doch der größere Teil der Techniker und Ingenieure noch fachlich saturiert; er weist mit Recht darauf hin, daß die reichentfaltete moderne Technik schon für sich allein volle Männer erfordere, die nach eigener Erfülltheit von den Aufgaben ihres Berufs und nach den sich im eigenen Berufe für den Tüchtigen noch immer bietenden günstigen Möglichkeiten des Fortkommens es nicht nötig hätten, außer als Techniker zugleich auch noch als Wirtschaftler, Kaufleute und Verwaltungsleute vorgebildet und verwendungsbereit gemacht zu werden.

Wie dem auch sei: Das Wirtschaftsleben kennt heute noch keinen so allgemein anerkannten Hochschultyp für gerade *seine* Bedürfnisse, wie die Technik ihn in der technischen Hochschule aufweisen kann.

Und doch bietet die voll ausgebaute *Handelshochschule* schon heute alles das, was wir soeben als zum Typ einer vollkommenen Wirtschaftshochschule gehörig angesprochen haben. Sie *ist* bereits die Wirtschaftshochschule und sollte darum nicht säumen, ihren viel zu engen bisherigen Namen gegen den allein angemessenen einer Wirtschaftshochschule zu vertauschen: Der Grundsatz der Firmenwahrheit sollte billig auch hier sich durchsetzen.

Mehr als bloß Kaufmannswissen zu vermitteln, haben die deutschen Handelshochschulen von Anfang an erfolgreich angestrebt. Denn immer haben sie sich neben der Pflege des Fachwissens und der Fachfertigkeiten der Pflege der allgemeinen Bildung ihrer Hörer angenommen.

Vor allem aber ist es von Anfang an stets ihr Ziel mit gewesen, den zukünftigen Industriellen eben so gut wie den zukünftigen Händler heranzubilden. Wenn dies in der weiteren Öffentlichkeit noch immer gelegentlich wieder verkannt wird, so spielt hier und in die Namengebung „Handelshochschule" wohl der Sprachgebrauch unseres HGB mit hinein, das ja, anders als der außerdeutsche Sprachgebrauch, Händler und Unternehmer unter dem einen Kaufmannsnamen mitumfaßt.

Vor einen enger umrissenen Aufgabenkreis gestellt, als die universitas literarum besitzt die Handelshochschule in ihrem Kern noch schlichte Einheit. Ein Kollegium — bei den fortgeschritteneren Exemplaren dieses Hochschultyps — ein Senat, mit einem aus dem Kreis der Ordinarien gewählten Rektor an der Spitze — stellt für den Lehrbetrieb die Verwaltungseinheit dar und erleichtert zugleich das Ineinandergreifen aller Einzelfächer und Einzeldarbietungen zu einem Ganzen.

Um die Fächer der Volkswirtschaftslehre, der Privatwirtschaftslehre und der Wirtschaftsrechtslehre gruppieren sich Warenkunde, Technologie, Wirtschaftsgeographie, Verkehrswissenschaft, Genossenschaftswesen, Versicherungswesen, Statistik, Sprachen. Sozialpolitische Darbietungen fügen sich an.

Keine Aufteilung des auch bei doppelter oder dreifacher Besetzung der zentralen Fächer noch nicht ins Ungemessene und Unregierbare wachsenden Lehrkörpers und Unterrichtswesens in Fakultäten, die unter sich nur zu häufig der beweglichen und innigen Arbeitsgemeinschaft über die Fakultätsschlagbäume weg ermangeln müssen.

So reich und sinnvoll auch der Bereich der so verstandenen und zugleich in Arbeitsteilung und Arbeitszusammenfassung gepflegten Wirtschaftswissenschaften ist, so darf die voll ausgebaute Handelshochschule auch an der Pflege der allgemeinbildenden Fächer außerwirtschaftlicher Art, vor allem der Philosophie, der Psychologie, der Soziologie und der Kulturgeschichte, nicht vorbeigehen und sie bemüht sich bereits jetzt, wenn auch noch nicht überall gleichmäßig und nicht überall schon mit hauptamtlichen Kräften, diese Gebiete mitzubestellen.

Besonders auf dem Gebiete gemischter Seminartätigkeit und gemeinschaftlicher Besichtigungen vermag schon jetzt das Ineinandergreifen der verschiedenen Fachgebiete und Fachvertreter angesichts ein und desselben komplexen wirtschaftlichen Problems oder Tatbestandes sehr förderlich zur Geltung zu kommen, förderlich für die Hörer, förderlich auch für die sich gegenseitig aushelfenden und bereichernden mitwirkenden Dozenten.

3.

Damit, daß ausgeführt worden ist, was die Wirtschaftshochschule zu pflegen und zu bieten hat, ist mittelbar bereits angedeutet, wer an ihr studieren soll.

Wie die Handelshochschule wird sie Kaufleute und Fabrikanten zu schulen haben, mögen diese Absolventen der Wirtschaftshochschule nun später im Leben als Unternehmer oder als Angestellte in Betracht kommen. Diese Gruppe: Studierende aus und für Handel und Gewerbe schließt heute bereits eine viel differenziertere Fülle von Interessenten ein, als dies noch vor etwa zwei Jahrzehnten, als der Handelshochschulgedanke sich durchzusetzen begann, der Fall war. Die Konzentration der Wirtschaft, das Anschwellen der gewerblichen Großbetriebe und damit die wachsende Bedeutung der Fragen der Arbeit und der Sozialpolitik, die Zunahme der Kartellierung, der gewaltige Aufschwung der Berufsvereine, die wachsende Bedeutung und Arbeitslast der amtlichen und halbamtlichen Interessenvertretungen: — all das hat eine Menge neuer und eigenartiger Funktionen geschaffen, für die die geeigneten Männer heranzubilden vornehmlich Aufgabe der Wirtschaftshochschule sein muß. In diesen Fällen handelt es sich um mehr oder weniger verantwortungsreiche wichtige Zwischenglieder, um Schaltwerke der Organisation, um Ausgleichs- und Hilfsstellen, deren Stelleninhaber innerhalb einer hier besonders engen Verknüpfung und allseitigen Bindung der wirtschaftlichen oder sozialen Interessen ihre Funktion nur dann vollkommen ausfüllen werden, wenn sie wirken als Glieder eines Zusammenhanges, den sie selbst voll verstehen. Dazu aber ist Übersicht, ist Blick für und Fähigkeit zur Organisation, ist Vertrautheit mit den Methoden der Arbeit und der Geschäftsführung auf dem betreffenden verschlungenen Lebensgebiete erforderlich.

Um also von den zukünftigen leitenden Kräften in Industrie und Handel, den Abteilungsvorstehern, Betriebsleitern und simpleren Angestellten in Handel und Gewerbe, bei denen die Ersprießlichkeit einer geeigneten Hochschulbildung heute schon kaum mehr bestritten werden dürfte, hier ganz abzusehen: Gerade auch für dies bunte, immer noch wachsende Heer der Syndizi in amtlicher oder privater Stellung, der Verbandsleiter und -angestellten, der Sozialbeamten, — für alle diese Mittelspersonen, Verbindungsleute und Geschäftsmänner ist eine gute, genügend breite und genügend tiefe wirtschaftswissenschaftliche Hochschulbildung immer höchst erwünscht, häufig völlig unentbehrlich.

Dabei bietet die Zusammenfassung allgemeinerer und spezialisierterer Darbietungen an der Wirtschaftshochschule auch den besonderen Ausbildungswünschen derjenigen das hinreichende Auslangen, die gleich auf ein bestimmtes engeres Lebensziel, etwa auf eine Stelle in einem genossenschaftlichen oder in einem Verkehrsbetriebe, hin ihr Studium anlegen möchten; nur daß in solchen Fällen die Prüfungsordnung und die Prüfungspraxis sicherstellen müssen, daß auch in solchen Fällen keine „Nichts-als-Spezialisten" die Wirtschaftshochschule mit einem Diplom oder gar mit dem Grade eines Doktors der Wirtschaftswissenschaften verlassen dürfen.

Ähnliches gilt für die Gruppe der Bücherrevisoren und für ihre Rivalen, die Beamten der Treuhandgesellschaften und Revisionsbanken. Beide Typen arbeiten bei der Nachprüfung geschäftlicher Vorgänge oder der Schaffung der Grundlagen zur Beurteilung der Lage eines Unternehmens um so erfolgreicher, je mehr sie über die bloß formale und rechnungs- und buchmäßige Kontrolle hinaus zu einer mehr sachlichen Beurteilung der den Buchungen usw. zugrundeliegenden wirtschaftlichen Vorgänge gelangen. Dies letztere aber setzt wieder eine tiefer eindringende wirtschaftswissenschaftliche Schulung voraus.

Was besonders die Sozialbeamten angeht, von denen bei staatswissenschaftlicher Reform, S. 411 auf einer halben Druckseite eine lange Liste aufgeführt ist, so dürfte, solange wir nicht besondere soziale Hochschulen haben werden, die die Pflege der Volkswohlfahrt, der Sozialpolitik und der sozialen Hygiene stark mit einbeziehende Wirtschaftshochschule die weitaus günstigsten Voraussetzungen bieten für eine allseitige Ausbildung. Das größere Industrie- und Handelszentrum, das als Sitz einer Wirtschaftshochschule besonders geeignet ist, bietet regelmäßig die Möglichkeit, daß der Hochschulunterricht stets die Verbindung aufrechterhalten kann mit den praktischen sozialen und Wohlfahrtseinrichtungen am Orte, und damit auch die Möglichkeit zu auch praktisch schulender sozialer Betätigung in Ergänzung des Hochschulstudiums, — der vorbereitenden oder ergänzenden Tätigkeit einer am Orte ansässigen sozialen Frauenschule für weibliche Sozialbeamtinnen und Pflegerinnen nicht zu vergessen.

Die Handelshochschule betrachtet es schon heute als eine wichtige Aufgabe, einen tüchtigen Handelslehrerstand mitheranzubilden. Die Wirtschaftshochschule wird sich in Zukunft außerdem der Vor- und Fortbildung der den Weg des Hochschulstudiums wählenden Volksschullehrer sowie der Fortbildungsschullehrer in wirtschaftlicher und rechtlicher, in staatsbürgerlicher und sozialpädagogischer Hinsicht anzunehmen haben: Für diese Zwecke ist für eine entwickelte Wirtschaftshochschule alsdann ein Ordinariat für Pädagogik, eventuell in Verbindung mit

Philosophie und Psychologie, unentbehrlich. Die besonders schwerwiegende Frage, ob nicht auch die staatlichen Verwaltungsbeamten oder gar auch alle Justizjuristen in Zukunft am besten eine einheitliche oder wenigstens von einer einheitlichen Basis ausgehende Hochschulausbildung von vorherrschend wirtschaftswissenschaftlicher, staatswissenschaftlicher und wirtschaftsrechtlicher Art erfahren sollten (dafür jetzt Jastrow in staatswissenschaftlicher Reform, S. 96 f., S. 100), bedarf einer gründlichen Erörterung und Abwägung des Für und Wider. Hier darüber nur soviel: Einstweilen will mir die Zurückschneidung der formalen juristischen Schulung, die sicher oder sehr leicht die Folge einer solchen Schwerpunktverlegung sein würde, gewiß für den Justizjuristen, wahrscheinlich auch für den nicht vorherrschend als Wirtschaftsmann Verwendung findenden Verwaltungsbeamten doch recht bedenklich erscheinen. Aber freilich zwei wichtigen Kategorien von Verwaltungsbeamten, die der Steuer und Finanzen und diejenigen mit vornehmlich wirtschaftlichen oder — solange die technischen Hochschulen nicht die Pflege der Wirtschaftswissenschaften stärker betreiben — wirtschaftlich-technischen Funktionen, dürften allerdings nirgend eine bessere Ausbildung finden können als an der Wirtschaftshochschule. Bei ihnen ist eben der Schwerpunkt ganz besonders weit verrückt in das Gebiet der Wirtschaft und des Wirtschafts- (einschließlich Steuer-) rechts.

Zur Veranstaltung von Fortbildungskursen von Semester- oder längerer oder kürzerer Dauer ist die Wirtschaftshochschule besonders geeignet. Bei solchen Veranstaltungen, gerade wenn dabei mit einer knappen Dauer gerechnet werden muß, kommt alles an auf einen pädagogisch einwandfreien Aufbau des gesamten Kursus mit dem Erfolge, daß die einzelnen Darbietungen gut ineinander greifen und sich mit den übrigen zu einem einheitlichen Ganzen zusammenfügen. Hier bewährt sich dann aber wieder das gute Eingespieltsein des nicht in Fakultäten aufgerissenen ganzen Lehrkörpers der Wirtschaftshochschule.

Der zunehmenden Schar der Ehrenbeamten in rein amtlicher oder genossenschaftlicher oder sozialer Verwendung, denen regelmäßig eine abgeschlossene Berufsbildung für ihr Amt abgeht, bietet die Wirtschaftshochschule in ihrem normalen Besuch oder in Kursen Gelegenheit zur Aus- und Fortbildung.

4.

Anlangend die Zulassungsbedingungen zum Hochschulbesuch und das Prüfungs- und Berechtigungswesen, so wird bei der Wirtschaftshochschule zu unterscheiden sein zwischen Doktoranden und anderen ordentlichen Studierenden.

Die letzteren werden bislang an den Handelshochschulen unter leichteren Bedingungen zugelassen als die Studierenden der Universität. Während bei der Universität das Abiturium bei den Juristen stets, bei den Volkswirten in der Regel vorhanden sein muß, wird bei den Handelshochschulen dem Abiturium das (bisherige) „Einjährige" dann gleichgesetzt, wenn der Student mit Einjährigem oder mit Primareife dafür die kaufmännische Lehre bereits erfolgreich absolviert hat. Darin liegt heute noch der schwache Punkt der Handelshochschule gegenüber der Universität. Nicht als ob die Einjährigen den Abiturienten durchweg unterlegen wären. Sie kompensieren für ihre Person ihre geringere Schulbildung vielmehr durch einen größeren Vorrat an wirtschaftlicher und praktischer Lebens- und Geschäftserfahrung und haben dadurch bereits gewisse günstigere Anknüpfungspunkte vor dem bloßen Abiturienten voraus, — während gerade der Universitätsunterricht beim jungen Volkswirt das Fehlen solcher Anknüpfungspunkte meist schmerzlich vermißt (vergl. staatswissenschaftliche Reform, Jastrow, S. 107,

108). Nein, das einigermaßen Ungünstige liegt in der Ungleichmäßigkeit des Bildungsniveaus einer aus beiden Gruppen zusammengesetzten Hörerschaft. Was der Einjährige mit erledigter praktischer Lehre vorm Abiturienten ohne Praxis voraus hat, was letzterer vor ersterem, das gibt eben zusammen doch keinen wahren Ausgleich im Gesamtniveau der Hörerschaft, sondern die Vorzugsmomente bei jedem von ihnen zusammengenommen vergrößern nur die Verschiedenartigkeit der Einstellung und der Aufnahmebereitschaft der Hörerschaft im ganzen. Wenn nun bei dem Abiturienten ohne Praxis hier in gewissen technischen Richtungen propädeutische Darbietungen einigermaßen aushelfen können, so ist bei dem „Passivposten" der Einjährigen ein solcher Ausgleich nicht so einfach oder nicht völlig möglich. In der Tat zeigt sich der Abiturient dem gleichaltrigen Einjährigen z. B. im Rechtspraktikum im allgemeinen in Ausdruck, Genauigkeit und günstigenfalls einer gewissen Gepflegtheit von Sprache und Stil ziemlich überlegen. Übrigens sind das Unstimmigkeiten und Unterschiede von durchschnittlich doch keiner allzugroßen Stärke und Bedeutung. Immerhin wäre es verführerisch, auch für die Handelshochschulen und ebenso für die Wirtschaftshochschulen schlechthin das Abiturium, am liebsten mit — vom Abiturienten ja regelmäßig in kürzerer Zeit zu erledigender — Praxis, zu verlangen. Doch wird man in unserm heutigen verarmten Deutschland immerhin nicht ganz unbedenklich eine solche Verengerung der Möglichkeit des ordentlichen Besuchs der Hochschule empfehlen können. Freilich entspricht es schon heute den Wünschen weiter Kreise der Studentenschaft und der Verbände von Handelshochschulabsolventen, allgemein das Abiturium als Zulassungsbedingung zu verlangen. Sollte man sich gleichwohl hierzu zurzeit noch nicht entschließen können, so würde man, nach dem Muster der alten Handelshochschulen in Antwerpen und in Paris, die Zulassung zu knüpfen haben entweder an das Vorliegen des Abituriums oder an den in einem vor der Aufnahme durch ein besonderes Examen zu führenden Nachweis einer dem Abiturium gleichwertigen Reife und Bildung. Hierbei wäre alles Gewicht auf die Gleichwertigkeit der Reife und Bildung zu legen, jedoch derart, daß es möglich bliebe, Lücken der Vorbildung wenigstens soweit durch Fähigkeiten und Kenntnisse auf besonderen Gebieten auszugleichen, als die volle Eignung des Prüflings gerade zum Besuche der Handelshochschule gewährleistet bliebe.

Diese für die Handelshochschulen anzustrebenden Verbesserungen würden bei der Wirtschaftshochschule von vornherein einzuführen sein.

Übrigens zeigt sich an den Handelshochschulen ebenso wie an den technischen Hochschulen der Umstand, daß wir es hier mit verhältnismäßig modernen Hochschultypen zu tun haben, die sich von gewissen traditionellen Mängeln des alten Universitätsbetriebes gerade auch hinsichtlich der hier in Betracht kommenden Fakultäten ziemlich freizuhalten vermocht haben, auch darin, daß auf diesen neueren Hochschulen — ohne daß dadurch der Lehrbetrieb irgendwie ins Mittelschulmäßige zu verfallen brauchte — außerordentlich stetig und allgemein gearbeitet wird.

Der zweite und letzte heute noch vorhandene Passivposten der Handelshochschule besteht darin, daß das kaufmännische Diplomexamen schon nach vier, das Diplomexamen des Handelslehrers immerhin schon nach fünf Semestern abgelegt werden kann. Die Kürze des Studiums begünstigt mitunter gegen das Ende der Studienzeit hin ein leicht ins Mechanische verfallendes Büffeln. Die vorgetragenen Dinge haben auf die Weise nicht die rechte Zeit, sich erst einmal zu setzen, besonders wenn, wie es vorkommt, freilich nicht die Regel ist, die Ferien noch zum Beginn oder zur Fortsetzung der praktischen Tätigkeit benutzt werden.

Man wird trotz der Verteuerung des Studiums wohl zu einer Verlängerung des Studiums kommen müssen, wie dies auch den Wünschen der Verbände der Diplomhandelslehrer und der Diplomkaufleute entspricht.

Schon heute weist der erfolgreich geprüfte Diplomkaufmann oder -handelslehrer eine Fülle eines dank einem sehr entwickelten Praktikum- und Seminarbetriebe gut verarbeiteten Wissens und Könnens in den Hauptfächern auf, so daß ihm mehr und mehr sein Diplom für sein Fortkommen in Handel und Industrie zu einem äußerst wertvollen Ausweispapier geworden ist. Unter der älteren Generation der leitenden Männer in Handel und Industrie sind solche immer noch nicht ausgestorben, die, selbst groß und tüchtig geworden ohne eine — in ihrer Jugend noch nicht in Frage kommende — Hochschulbildung, eben deshalb die Hochschulbildung für Kaufleute und Fabrikanten nicht gebührend einzuschätzen geneigt sind. Aber im ganzen weiß doch bereits heute die Praxis sehr wohl, warum sie den Handelshochschulabsolventen mit seinem sowohl allseitigen, wie handgerechten Fachwissen und Können dem von der Universität entlassenen jungen Volkswirte vorzieht. Es ist ausgeschlossen, daß eine Umfrage, wie sie von der Gesellschaft für wirtschaftliche Ausbildung in Frankfurt über die Eignung der jungen Volkswirte für praktische Stellen in Handel und Industrie veranlaßt worden ist (vergl. staatswissenschaftliche Reform, S. 183 f., nebst Gutachten von A. M e r t o n und A. H e b e r, S. 186 f.), ein gleich ungünstiges Ergebnis hätte haben können, wenn die Umfrage sich auf die Handelshochschulabsolventen bezogen hätte: Die letzteren bringen eben einen viel runderen Schulsack und einen viel besser erprobten Werkzeugkasten von der Hochschule mit in die Praxis. Und es heißt wohl nicht viel mehr, als versuchen, die guten Erfahrungen der Handelshochschulen etwas spät sich nutzbar zu machen, wenn die Universitäten mehr und mehr auf ein Diplomexamen für ihre Volkswirte hinzuarbeiten beginnen.

Die Wirtschaftshochschule kann und muß für sich das Recht in Anspruch nehmen, nach mindestens sechssemestrigem Studium den D o k t o r d e r W i r t s c h a f t s w i s s e n s c h a f t e n zu verleihen auf Grund einer selbständigen Arbeit mit einem wirtschafts- oder sozialwissenschaftlichem Gegenstande und auf Grund eines Examens in vier oder fünf Prüfungsfächern, etwa Volks-, Privatwirtschafts- und Rechtslehre und zwei weiteren an der Hochschule gepflegten Wahlfächern. Die Wirtschaftshochschule wird sich bewußt sein müssen, daß sie in den Anforderungen an den Wert der wissenschaftlichen Arbeit und bei der ausnahmsweisen Zulassung von Doktoranden ohne Abitur eher strenger sein muß als die Fakultäten der Universitäten.

Sie wird sich z. B. sehr zu überlegen haben, ob sie, wie es an der sozial- und wirtschaftswissenschaftlichen Fakultät der Universität Frankfurt die Praxis ist, denjenigen Immaturen, der ein Diplomexamen mit „gut" bestanden hat, i. a. ohne weiteres zum Doktorexamen zulassen will. Das ist wohl nur nach Einführung eines genügend streng und eindringlich gehandhabten Zulassungsexamens vorm Studiumbeginn des Immaturen unbedenklich. Im übrigen wird die fakultative vorherige Erledigung des Diplomexamens, soll es nicht etwa allgemein als obligatorisches Vorexamen für alle Doktoranden eingeführt werden, dadurch begünstigt werden können, daß der Doktorand in einem oder zweien der Fächer, in denen er das Diplomexamen mit mindestens „gut" bestanden hat, soweit Erleichterungen hinsichtlich des im Doktorexamen präsent zu haltenden Stoffes sich verschaffen kann. Es wäre z. B. denkbar, daß er, wenn er in der Rechtslehre im Diplomexamen mit „gut" bestanden hat, sich im Doktorexamen auf das Recht der privaten Wirtschaft oder auf Arbeitsrecht spezialisieren darf. Dann wird die Zahl von fünf Examensfächern — die ja alle mehr oder weniger ineinander greifen! —

nicht als unerträglich groß empfunden werden. Denn andererseits empfehlen, wie Jastrow (staatswissenschaftliche Reform, S. 102) mit Recht betont, die Unberechenbarkeit unserer wirtschaftlichen und sozialen Lage und die damit viel allgemeiner als früher vorkommenden Fälle eines Zwangs zum „Umsatteln" es dringend, die Vorbildung auf eine möglichst breite Basis zu stellen, also lieber auf fünf, als auf drei oder vier Fächern aufzubauen.

Die wissenschaftliche Arbeit wird der Prüfstein sein für die wissenschaftliche Güte des Typs der Wirtschaftshochschule. Hier muß recht eigentlich die Arbeitsgemeinschaft des Lehrkörpers und besonders der Vertreter der Kernfächer sich als fruchtbar erweisen. Hier muß es die Regel werden, daß eine Arbeit in mehrere Disziplinen hineinreicht und darum recht eigentlich der Prüfung durch das Prüfungskollegium unterliegt, statt derjenigen eines einzelnen Fachmanns, auf dessen Teildisziplin sie nach den Gepflogenheiten der Universitäten hin einseitig ausgerichtet zu sein pflegt.

Besonders die Rechtstatsachenforschung kann in qualifizierten Doktorarbeiten der Wirtschaftshochschulen die wertvollste Förderung erhalten, um so wertvollere, je stärker der Prozentsatz ist, zu dem die Arbeit, statt formaljuristisch, wirtschaftlich orientiert ist. Freilich muß der Rechtsunterricht an der Wirtschaftshochschule einen solchen Doktoranden mit Entschiedenheit und mit Erfolg auf die Eigenart und den Eigenwert des Technischen und Rationalen in Recht und Rechtsnorm hingeleitet haben. So könnte ich mir z. B. wertvolle Einzelarbeiten oder Serien von Arbeiten denken, die in eine rechtstatsächliche Analyse der am Orte der Hochschule geltenden Arbeitsordnungen oder Tarifverträge eintreten würden. Bei den Bestimmungen der Arbeitsordnung über die Kontrolle der Arbeiter bezüglich der Zeit des Einpassierens in die Fabrik würde das Ineinandergreifen normativer und psychologischer Momente — beim Arbeiter, beim Pförtner, beim Werkmeister, dem der Arbeiter untersteht — mit technischen Momenten und Einrichtungen — Kontrolluhr, Schlüsselsystem usw. — zu zeigen sein, mit der Folge, daß außer dem Wirtschaftsjuristen zum mindesten noch der Privatwirtschaftler und Technologe als mitzuständige Prüfer zu fungieren hätten. Oder bei einer Arbeit über Charakter und Inhalt bestimmter Vertrauensstellungen, in denen das — psychologische und ethische — Moment des persönlichen Vertrauens sowohl wie das — technische, organisatorische — einer mehr oder weniger äußerlichen Kontrolle der Geschäftsgebahrung des Angestellten bedeutsam sein kann, würden in ganz ähnlicher Weise Wirtschaftsjurist und Privatwirtschaftler arbeitsteilig und sich ergänzend mitzuwirken haben bei Prüfung und naturgemäß möglichst auch schon bei Anregung solcher Arbeiten. Ganz Ähnliches ließe sich durchführen bei der Untersuchung der technischen und warenkundlichen Bedingtheiten und der sich dem anpassenden rechtlichen Ordnung des Akkordarbeitsvertrages in verschiedenen Industrien. Wenn z. B. in den Tarifen und Lohnabkommen der Metallarbeiter neuerdings ein ziemlich kompliziertes Verfahren vertraglich festgelegt zu sein pflegt zur Ermöglichung einer objektiven Nachprüfung der Akkordmäßigkeit einer bestimmten Arbeitsleistung, so ist die betreffende rechtliche Normierung nur voll verständlich zu machen aus der Besonderheit gerade dieses Akkordarbeitsprozesses heraus: Beispiele, die sich leicht vervielfachen ließen. —

Solche Arbeiten werden um so nutzbringender sein, wenn sie als Seminararbeiten hervorgegangen sein werden aus einem ganz oder teilweise kombinierten Seminarbetriebe eines Privatwirtschaftlers und eines Wirtschaftsjuristen, wozu denn von Fall zu Fall auch noch die Mitwirkung etwa des Warenkundlers oder eines anderen Spezialisten zu erbitten sein würde. Entsprechend wird umgekehrt der Wirtschaftsjurist gelegentlich aushelfen können im warenkundlichen Seminar, z. B. in Sachen der Nahrungsmittelgesetzgebung.

So ließe sich z. B. das Akkordarbeitproblem in verschiedenen Industrien oder das lebende Recht bestimmter wirtschaftlicher Verbände oder geselliger Vereine der Hochschulstadt planmäßig und vielversprechend in solcher zusammenfassender Seminararbeit durchforschen.

Schlechthin jedes der an der Hochschule betriebenen Fächer vermag das Thema und die Anregung zur Doktorarbeit zu liefern, — immer nur mit der Maßgabe, daß die Arbeit wirtschafts- oder sozialwissenschaftlicher Art sein muß.

Dieser Freiheit der Doktoranden unerachtet, den Schwerpunkt ihrer Arbeit nach eigenem Interesse, eigener Befähigung und eigenem Lebensziele in irgendeins der Wirtschaftshochschulfächer zu verlegen, sollte das mündliche Doktorexamen durch die obligatorische Beteiligung der wirtschaftswissenschaftlichen Hauptfächer den einheitlichen Charakter des wirtschaftswissenschaftlichen Doktorexamens klar herausarbeiten.

Wie hierbei doch wieder sicherzustellen ist, daß der Doktorand auch mindestens an einem Teil der allgemeinbildenden, nichtwirtschaftlichen Darbietungen erfolgreich teilgenommen hat, das zu erörtern würde zu weit führen. Die Handelshochschule Mannheim erwägt z. B., ob nicht jeder Doktorand sich vorher im Anschluß an eine der philosophischen Vorlesungen über deren erfolgreichen Besuch durch ein Kolloquium ausgewiesen haben soll.

Diese Arbeit soll lediglich erst einen ersten Vorstoß bedeuten nach zwei Zielen hin, von denen das eine von beiden weiter auf das andere hinweist: auf die Notwendigkeit der Pflege der privaten Wirtschaftsrechtswissenschaft und weiterhin auf die Wirtschaftshochschule als den bestmöglichen Typ einer Hochschule für eine — im guten Sinne dieses vielgelästerten und nicht selten mißbrauchten Wortes: — organische Pflege einer einheitlichen Wirtschaftswissenschaft. Findet der Vorstoß Beachtung, wird es sich also lohnen nachzustoßen, so wird in dem Zusammenhange, in dem wir gerade jetzt stehen, die Frage zu prüfen sein, wie bei der Eröffnung des Wirtschaftshochschulstudiums z. B. auch für Finanz- und andere, insbesondere Wirtschaftsbeamte, etwa auch Konsulatsbeamte und Wirtschaftssachverständige im Auslanddienst des Reichs, die staatliche Prüfung für diese einzurichten sein wird. Wenn man sich, wie zu hoffen, staatlicherseits hierzu entschließen wird, so kommt natürlich auch die einhellige Einführung des Abituriums als Zulassungsbedingung zur Wirtschaftshochschule durchaus in Frage.

Es würde das eine Verlegung des Schwerpunkts der Wirtschaftshochschule bedeuten von dem Punkte weg, wo jetzt bei der Handelshochschule der Schwerpunkt liegt. Für diejenigen Handelshochschulen, die die Entwicklung zur Wirtschaftshochschule hin mitmachen würden, — es wäre dann nur erwünscht, wenn es nicht alle wären!, — würde dann die in Zukunft nötige Abweisung der nichtmaturen Studierenden innerhalb des Gesamtbudgets der nationalen Bildungspflege doch wohl aufgewogen sein durch die Erschließung eines besonders vielversprechenden Studienweges für einen großen Teil unserer künftigen Verwaltungsbeamten.

Ob und in welchem Umfange und für welche einzelnen Beamtenkategorien eine solche Indienststellung der Wirtschaftshochschulen für ihre Ausbildung überwiegende Vorteile haben wird, das ist auch nach Vorliegen eines bestimmten Ausbildungs- und Prüfungsplans unmöglich, im Voraus auch nur einigermaßen sicher zu sagen. Der Staat wird darum gut tun, falls er sich zu einem Versuche mit den Wirtschaftshochschulen entschließt, für mehrere nicht zu eng gegriffene Beamtenkategorien die Wirtschaftshochschule neben der Universität freizugeben:

Dann wird sich am ehesten im freien Wettstreit beider Schularten erweisen, wie die Vorbildungsfähigkeiten und wo die Schranken jeder der beiden Schularten sind.

5.

Die Mitarbeit der Wissenschaft und der Hochschulen am Wiederaufbau der deutschen Wirtschaft ist eine so dringliche Aufgabe, daß alle gangbaren Wege hierzu mit allen Mitteln freigemacht und geebnet werden sollten. So ist es denn mit der Forderung eines Ausbaus der Handelshochschulen zu Wirtschaftshochschulen nicht getan, sondern mindestens ebenso wichtig ist es, auch die Universitäten noch mehr und noch erfolgversprechender als bisher für diese Aufgabe einzusetzen.

Die Frage soll auch hier abgestellt werden auf die bestmögliche Organisation und Lehrweise zur Pflege der Wirtschaftswissenschaften, nicht auf die bestmögliche wirtschaftliche Schulung einer bestimmten Spezies von Akademikern, etwa der Volkswirte oder der Juristen. So als allgemeines Problem unserer Hochschulorganisation, statt als bestimmtes Berufsvorbildungsproblem gefaßt, schließt es freilich das Problem der Ausbildung der Volkswirte ganz mit ein, während die wirtschaftswissenschaftliche Ausbildung der Juristen an der Universität hier nur teilweise mitberücksichtigt wird.

Daß der Jurist — späterer Verwaltungsmann sowohl wie Justizjurist — auf der Universität als Wirtschaftsjurist auszubilden ist, ergibt sich aus den Ausführungen in unserm ersten Abschnitt. Mit der wirtschaftsrechtlichen Ausbildung muß, diese ergänzend, Hand in Hand gehen eine viel tiefer als bisher greifende unmittelbar wirtschaftswissenschaftliche Ausbildung: Gerade bei der besonders für die Anfänge unbestreitbaren Behelfsmäßigkeit der Pflege der Wirtschaftsjurisprudenz durch den Juristen ist sein Handinhandgehen mit dem Volkswirtschaftler und noch mehr mit dem Privatwirtschaftler, wie diesen die Universitäten in mehr oder weniger verschämter Wiedergutmachung früherer Unterlassungssünden sich heute zuzulegen beginnen, unentbehrlich. Daß damit der eigentliche Wirtschaftswissenschaftler auch gleichberechtigt mit in die Kommission für die erste juristische Prüfung gehört, — eine Forderung die heute, was den Volkswirtschaftler angeht, mehr und mehr als unentziehbar anerkannt wird, — ist von diesem Standpunkt aus selbstverständlich. Bei der leidigen Vernachlässigung der histoire contemporaine seitens der Juristen ist für Juristen eine Vorlesung eines Wirtschaftswissenschaftlers oder Historikers über neuere Wirtschaftsgeschichte dringend erwünscht. Ein entsprechender Antrag von Fuchs-Tübingen hat auf der HallKonf. nicht zu einem positiven Beschlusse geführt.

Bei Juristen und Nationalökonomen aber ist die Hauptsache, soll ihnen die Universität eine derjenigen einer Wirtschaftshochschule gleichwertige wirtschaftswissenschaftliche Schulung geben können, daß die Universitäten soweit dieselben Wege gehen, wie es die Handelshochschulen schon getan haben. In viel zielbewußterer Weise als bisher muß z. B. der Rechtsunterricht an der Universität — wie dies wohl durchweg heute an den Handelshochschulen geschieht, auch eingestellt werden auf die besonderen Bedürfnisse solcher Hörer, die nicht Berufsjuristen werden wollen.

Heute gibt es noch Fakultäten, die vom Doktoranden der Volkswirtschaftslehre aus der Rechtslehre — als Wahlfach — nur Handelsrecht verlangen! Das ist ein Unding! Jeder Jurist weiß und jeder Volkswirt sollte es wissen, daß das System des Handelsrechts als eines Sonderrechtsgebiets ganz unfertig ist und überall auf dem geschlossenen System des allgemeinen bürgerlichen Rechts beruht. Den Fachjuristen nun schadet dies nicht, wenn er das Handelsrecht hört, nachdem er bereits das bürgerliche Recht gehört hat. Die an den Universitäten meist nur auf den Bedarf der Fachjuristen abgestellte Handelsrechtsvorlesung aber richtet naturgemäß ihr Augenmerk so sehr auf das rechtstechnische Moment und strebt hier so sehr Vollständigkeit an, daß sie dabei die Beziehungen dieses Sonderkollegs zu den allgemeinen Kollegs über bürgerliches Recht meist stillschweigend voraussetzen muß. Das letztere aber hat der arme Student der Nationalökonomie regelmäßig nicht gehört!

Es dürfte heute wenig junge Nationalökonomen geben, die beim Doktorexamen aus solcher halben, der festen Grundlage entbehrenden Beschäftigung mit einem für sie meist zu technisch vorgetragenen positiven Rechte viel wirklichen Gewinn gezogen und die auch nur im Verhältnis zum Recht das frostige und fremde Gefühl überwunden haben, das überhaupt — Gott sei's geklagt! — kennzeichnend ist für das Verhältnis des gebildeten Deutschen zum positiven Recht!

Hier wenigstens sind heute Reformen im Anmarsch. Die vierte These der HallKonf. lautet:

„Die Einführungsvorlesung ist zu einer lebensvollen Einführung in alle Hauptteile der Rechtswissenschaft auszugestalten und nicht bloß als allgemeine Rechtslehre zu behandeln."

Diese etwas karge Verheißung einer reichen und weniger formalen ersten Wegleitung der Rechtsjünger beim Betreten des hohen kühlen Hauses der Themis bekommt eine etwas artikuliertere Gestalt in den Vorschlägen der Reformkommission des Reichsbundes deutscher Referendare und Rechtspraktikanten. Die sehr beachtenswerten Vorschläge sehen vorm ersten Examen drei Stufen der Vorbildung vor:

1. Abschnitt: 2 Semester, zur „Einführung in das Studium und die Praxis"; 2. Abschnitt: ein Jahr Praxis; nach einer alsdann abzulegenden Zwischenprüfung über die im ersten Abschnitt gewonnenen Kenntnisse folgt dann 3. ein Universitätsstudium von 4 Semestern oder sechs Trisemestern Dauer. Für die beiden Einführungssemester sind folgende Darbietungen vorgesehen: 1. Semester: Allg. Kultur- und Rechtsgeschichte (3 stündig), System der Rechtswissenschaft (4), Überblick über das bürgerliche Recht (4), Überblick über das Strafrecht (3), Verfassungsgeschichte als Einführung in das deutsche Staats- und Verwaltungsrecht (2), Recht der sozialen Organisation (Genossenschaftsrecht, Arbeitsrecht, Tarifvertrag, öffentl. Versicherungsrecht) (6). 2. Semester: Rechtsphilosophie (historisch-dogmatisch) (4); Einführung in das Prozeßrecht (Zivil-, Straf-, Verwaltungs-) (4); Verwaltungsrecht (2); Steuerrecht (2); Praktische Volkswirtschaftslehre (Agrar-, Gewerbe- und Handelspolitik) (4); Geld- und Bankwesen (2); Anfängerübungen im bürgerlichen und Strafrecht (4).

In diesen Vorschlägen stecken sehr viel gesunde neue Keime. Der zweisemestrige Einführungsabschnitt etwa der vorgeschlagenen Art sollte, meine ich, — ganz unabhängig von der Frage, ob dann für den jungen Juristen ein Jahr Praxis und ein Zwischensemester folgen sollen oder nicht — als gemeinsame Unterstufe ausgebaut werden mindestens für alle Juristen und Volkswirte, ganz oder vielleicht mit gewissen Auslassungen oder Abwandlungen auch für die Philologen und akademisch vorzubildenden Volksschullehrer, die Deutsch, neuere Geschichte und vor allem Staatsbürgerkunde (vergl. die Verheißung in Art. 148 unserer Reichsverfassung!) zu pflegen haben werden. Über das Detail kann hier nicht geredet werden. Nur noch soviel: Die Vorlesung für das erste Semester „System der Rechtswissenschaft" sähe ich lieber ersetzt durch eine allgemeinere: „Staat, Rechtsordnung und Rechtsleben." — Die — 6 stündige! — Vorlesung über das Recht der sozialen Organisation könnte sich leicht systematisch — im Sinne eines natürlichen Systems! — scharf zusammenziehen lassen als Vorlesung über neudeutsches Verbandsrecht (vergl. oben S. 13f.). Sehr glücklich scheint mir zur Einführung die Zusammenfassung der drei Prozesse in einer Vorlesung. Die Vorlesung „Praktische Volkswirtschaftslehre" würde wohl besser als „Wirtschaftslehre für Juristen" — die zu besuchen sich soweit eventuell die Volkswirte sparen könnten — aufzubauen sein.

Die wirtschaftsrechtlichen Vorlesungen würden in die spätere Phase des Universitätsstudiums einzugliedern sein; sie würden dadurch, daß vorher ein Jahr Rechts praxis liegen würde, an Tiefenwirkung nur gewinnen können.

Auch dies zusammen reicht meines Erachtens, auch für Justizjuristen, an wirtschaftlicher Schulung noch nicht aus; doch kann hierauf hier nicht weiter eingegangen werden.

In den Einführungsvorlesungen wird unter Ausschaltung eines an dieser Stelle ganz unangebrachten Vollständigkeitsstrebens alles Gewicht zu legen sein auf das Grundsätzliche und auf den Zusammenhang und die wechselseitige Bedingtheit von Wirklichkeit und Norm. Vor allem wird aber auch hier schon die besondere Bedeutung des Rechtstechnischen völlig klarzustellen sein: Es ist das im wesentlichen die Art, wie wohl schon jetzt an manchen Handelshochschulen die Rechtslehre traktiert wird. Die Einführungsvorlesungen müssen, soweit einschlägig, so angelegt sein, daß der in späteren Semestern — auch für Volkswirte und Lehrer der Staatsbürgerkunde obligatorisch! — in Funktion tretende Wirtschaftsjurist jenen in den ersten Semestern gesponnenen Faden nur aufzunehmen braucht. Daß der die wirtschaftsrechtlichen Darbietungen hörende Fachjurist, da er inzwischen durch die lange und strenge Schule des genauen Studiums des positiven Rechts gegangen ist, gegen Ende der Studienzeit an die wirtschaftsrechtlichen Darbietungen mit anderer Einstellung herangeht, als Volkswirte oder Lehrer der Staatsbürgerkunde, die inzwischen sich auch ihrerseits fachwissenschaftlich vertieft haben, hindert bei der Gemeinsamkeit des Unterbaus nicht die volle Auswertbarkeit der wirtschaftsrechtlichen Darbietungen für sie alle.

Wie schon in der Einleitung gesagt wurde, ist man heute von einer selbstverständlichen und allseitigen Arbeitsgemeinschaft der sämtlichen an der Pflege der Wirtschaftswissenschaften beteiligten Fachleute noch himmelweit entfernt. Die Verfassung der Universitäten bereitet hier ganz besondere Hemmnisse. Was soll man dazu sagen, wenn eine neue aufstrebende Universität, wie Frankfurt, die hätte zeigen können, daß sie, nicht gebunden an die tiefausgefahrenen Geleise einer Jahrhunderte alten Tradition, das Problem der universalen und doch fachlich soliden Arbeitsgemeinschaft der Lehrenden und Forschenden zeitgemäß zu lösen verstände, bei ihrer Gründung selbst einen so bedauerlichen Schritt rückwärts machte, indem sie bei der Konstituierung der juristischen und der sozial- und wirtschaftswissenschaftlichen Fakultät aus dem vorhandenen Lehrkörper der Akademie für Sozial- und Wirtschaftswissenschaften die Juristen ausschied und sie in die neue Rechtsfakultät übertreten ließ! So hat sie sich alle jene auf der flachen Hand liegenden Vorteile einer Arbeitsgemeinschaft zugunsten der allseitigen Pflege der Wirtschaftswissenschaften entgehen lassen.

Erst neuerdings sucht man in Frankfurt wenigstens für einen wichtigen Teil des weiten Feldes der Wirtschaftswissenschaften den Wagen wieder herauszuheben aus den alten engen Fakultätsgeleisen und ihn auf eine neue Bahn zu stellen. Man unternimmt die Schaffung eines in sich ziemlich selbständigen Instituts für Arbeitsrecht, das auf diesem Gebiete vor allem auch Rechtstatsachenforschung treiben und daran gleichmäßig beide genannten Fakultäten beteiligen will.

Was die anderen Universitäten anlangt, so bleibt, auch wenn man dort allgemein zu der bestmöglichen Lösung der Schaffung einer rechts- und wirtschaftswissenschaftlichen Einheitsfakultät, unter Einbeziehung natürlich eines oder besser einiger Privatwirtschaftler, kommen sollte, ihnen gegenüber die Wirtschaftshochschule solange immer noch im Vorsprung, als sie außer den Vertretern der Kernfächer z. B. weiter noch den Wirtschaftsgeographen, den Warenkundler und Technologen usw. erstens überhaupt besitzt und zweitens i m s e l b e n K o l l e g i u m, und nicht etwa nur vorübergehend zur gemeinsamen Beratung der Semesterpläne, und in ein und derselben Arbeitsgemeinschaft umfängt.

Mehr denn je ist es heute geboten, bei allen Reformplänen die Frage ihrer finanziellen und sonstwie äußeren Ausführbarkeit gleich vorweg zu stellen. Tut man das, so ist kaum zu hoffen, daß auch nur alle größeren Universitäten für die Pflege einer Teilaufgabe, als welche sich die Sorge für die Wirtschaftswissenschaften für sie darstellt, soviel und dies in solcher Stärke sowohl der Konzentration wie der Spezialisierung werden leisten können, wie die vollausgebaute Handelshochschule bezw. Wirtschaftshochschule. Gerade weil die Universitäten die äußeren Hemmungen ihrer Ausbaupläne in den nächsten Jahrzehnten auf Schritt und Tritt spüren werden, sollten sie um so energischer und schneller diejenige Reform durchführen, die nichts kostet; sie sollten durch eine scharfzugreifende und vorurteilslose Umgestaltung ihrer Verfassung wenigstens die Hemmungen organisatorischer Art beseitigen, die insbesondere einer fruchtbaren Arbeitsgemeinschaft aller an der Pflege der Wirtschaftswissenschaften beteiligten Fachleute heute noch im Wege stehen.

Die Hochschulpädagogik muß, wenn sie die Frage: Universität oder Fachhochschule erörtert, die Erörterung stellen in den Rahmen unserer heutigen Verhältnisse und unseres heutigen Wissenschaftsbetriebes.

Die Entfaltung unserer Wissenschaften ist heute schon vielfach eine so reiche, daß es z. B. in der Chemie und Physik weder Forscher und Lehrer, noch Lernende gibt, die das ganze Gebiet voll zu beherrschen anstreben können, — von der Unmöglichkeit der Beherrschung gar des ganzen Wissensgebiete einer Fakultät, wie die philosophische, ganz zu schweigen. So sind denn längst und unentrinnbar Wissenschaftspflege und Lehrbetrieb der universitas literarum hingelangt auf den bescheidenen Standpunkt des: „Wer vieles bringt, wird jedem etwas bringen."

Auf der andern Seite nimmt die Wirtschaftshochschule, wie sie hier gezeichnet wurde, in der Wirtschaft und dem sozialen Leben einen Gegenstand von außerordentlichem Reichtum in ihre Pflege und vermeidet, auch durch Mitbepflegung der allgemeinen Fächer, jede spezialistische Enge.

Nach alledem verliert hier der Gegensatz von Gesamthochschule und Fachhochschule viel von seiner Schärfe und Bestimmtheit. Um so eher möge man die auch i h r e Grenzen anerkennende Universität und die aus der Enge des spezialistischen Wesens ja gerade frei herausstrebende Wirtschaftshochschule nebeneinander auf den Plan treten lassen zum Wettstreit in der Pflege der Wirtschaftswissenschaften zum Segen für die Entfaltung der deutschen Wirtschaftswissenschaften und zur Förderung der deutschen Wirtschaft.

FSC
www.fsc.org
MIX
Papier | Fördert
gute Waldnutzung
FSC® C083411

Kolibri 360 GmbH
Ferdinand-Jühlke-Straße 7
99095 Erfurt, Deutschland
produktsicherheit@kolibri360.de